# Karl May,
# der
# Alte Dessauer
# und
# eine „alte Dessauerin"

Karl May

Christian Heermann

# Karl May, der Alte Dessauer und eine „alte Dessauerin“

## nebst den beiden wenig bekannten Humoresken Ein Stücklein vom alten Dessauer und Der Amsenhändler

Anhaltische Verlagsgesellschaft mbH Dessau
1990

ISBN 3-910192-02-5
Anhaltische Verlagsgesellschaft mbH Dessau
Printed in Germany
1. Auflage 1990
Lektor: Regina Erfurth
Umschlagsgestaltung: Ernst Schneider
Klischeeherstellung: Rolf Jacob Magdeburg
Gesamtherstellung: Druckhaus Köthen GmbH
Bestell-Nr. 1002/90

# Inhaltsverzeichnis



Wird von Karl May zitiert, dann stets zeichengetreu nach den Erstveröffentlichungen. Jene Passagen sind kursiv hervorgehoben. Auch Texte von Clara May werden zeichengetreu wiedergegeben.
Die beiden Humoresken sind in Fraktur gesetzt.

## Zuneigung und Liebe

*Obgleich es noch früh am Tage war, ging es auf den Gassen, Straßen und Plätzen der guten Haupt- und Residenzstadt Dessau doch schon lebhaft zu. Es war heut ja Wochenmarkt, an welchem die Bewohner der Umgegend herbeiströmten, entweder um die Producte ihres Gewerbfleißes in Angebot zu bringen oder Dasjenige einzukaufen, was zur Befriedigung ihrer wirthschaftlichen, häuslichen oder persönlichen Bedürfnisse nothwendig war.*

*Durch die Alt-, Neu- und Vorstadt-auf-dem-Sande bewegten sich die Wagen, Karren und Fußgänger der von dem Fürsten Leopold erst neu angelegten Cavalierstraße zu, welche noch heut mit ihren Rasenplätzen*

Kavalierstraße um 1900

und dem unvergleichlichen Blick auf die Johanneskirche eine der größten Zierden der Stadt ist. Dorthin zog es die Neugierigen, und gruppenweise standen sie vor den Ladenfenstern oder wagten sich scheu und einzeln in eins der „grausam vornehmen" Gasthäuser, wo es zu sehen, zu hören, zu essen und zu trinken gab, was noch keinem der biedern Landbewohner vorgekommen war.

Die Meisten von ihnen aber kehrten doch schließlich nach dem engen, an der Mulde gelegenen Stadttheile zurück, in welchem „Mutter Röse", die dickste und zugleich beste Wirthin des ganzen Anhalt'schen Landes residirte, die es außerordentlich gut verstand, ihre Gäste gegen die beiden Erbübel der Menschheit, den Hunger und den Durst, in nachdrücklichen Schutz zu nehmen.

Wie eine Königin thronte sie zwischen zahllosen Flaschen, Gläsern und Krügen hinter dem langen, massiven Schenktische, hatte für Jeden einen freundlichen Gruß, ein vertrauliches Kopfnicken oder wohl gar einen kräftigen Händedruck und ließ wie eine Sonne die Strahlen ihres vollen und stets lächelnden Gesichtes bis in die entfernteste Ecke fallen. Nirgends war das Bier so frisch und erquickend, nirgends der Braten so saftig und nirgends die Bedienung so aufmerksam wie bei „Mutter Röse", und wem es gar widerfuhr, von ihr selbst bedient zu werden, der konnte sich diesen Vorzug für eine wirkliche Ehre anrechnen und wurde

Heft 1. 2. Jhrg.

Deutsches Familienblatt.

Redaction, Druck und Verlag von H. G. Münchmeyer in Dresden, Jagdweg 14.

Filialen: Berlin, Ruppinerstraße 44; Wien, Josephstadt, Wickenburggasse 3; Breslau, Alexanderstraße 26; Dortmund, Düppelstraße 6.

In dieser Zeitschrift erschien 1876 die Humoreske *Unter den Werbern*

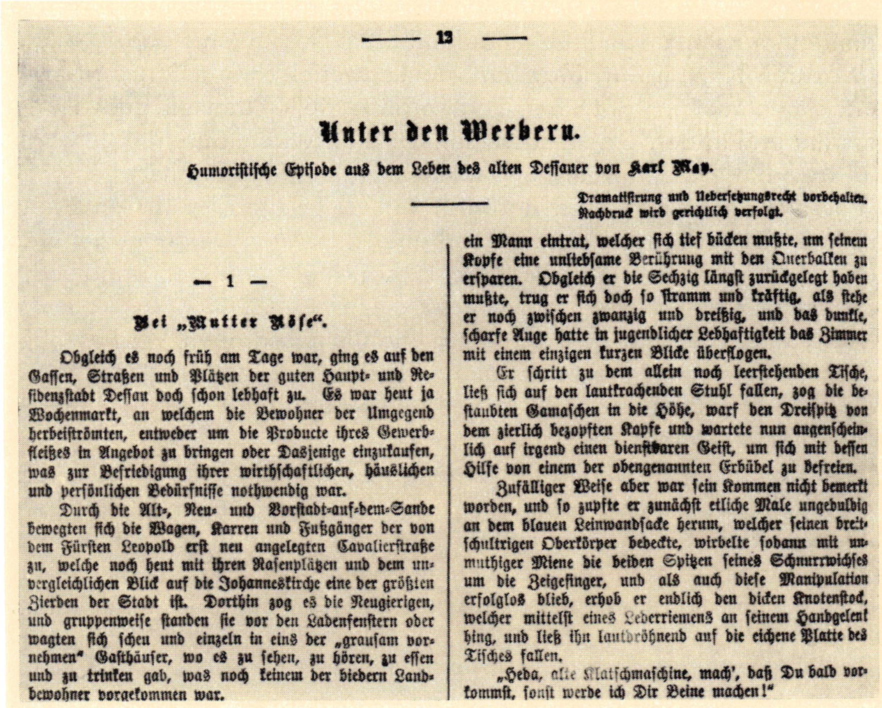

— 13 —

# Unter den Werbern.

Humoristische Episode aus dem Leben des alten Dessauer von Karl May.

Dramatisirung und Uebersetzungsrecht vorbehalten.
Nachdruck wird gerichtlich verfolgt.

— 1 —

## Bei „Mutter Röse“.

Obgleich es noch früh am Tage war, ging es auf den Gassen, Straßen und Plätzen der guten Haupt- und Residenzstadt Dessau doch schon lebhaft zu. Es war heut ja Wochenmarkt, an welchem die Bewohner der Umgegend herbeiströmten, entweder um die Producte ihres Gewerbfleißes in Angebot zu bringen oder Dasjenige einzukaufen, was zur Befriedigung ihrer wirthschaftlichen, häuslichen und persönlichen Bedürfnisse nothwendig war.

Durch die Alt-, Neu- und Vorstadt-auf-dem-Sande bewegten sich die Wagen, Karren und Fußgänger der von dem Fürsten Leopold erst neu angelegten Cavalierstraße zu, welche noch heut mit ihren Rasenplätzen und dem unvergleichlichen Blick auf die Johanneskirche eine der größten Zierden der Stadt ist. Dorthin zog es die Neugierigen, und gruppenweise standen sie vor den Ladenfenstern oder wagten sich scheu und einzeln in eins der „grausam vornehmen“ Gasthäuser, wo es zu sehen, zu hören, zu essen und zu trinken gab, was noch keinem der biedern Landbewohner vorgekommen war.

ein Mann eintrat, welcher sich tief bücken mußte, um seinem Kopfe eine unliebsame Berührung mit den Querbalken zu ersparen. Obgleich er die Sechzig längst zurückgelegt haben mußte, trug er sich doch so stramm und kräftig, als stehe er noch zwischen zwanzig und dreißig, und das dunkle, scharfe Auge hatte in jugendlicher Lebhaftigkeit das Zimmer mit einem einzigen kurzen Blicke überflogen.

Er schritt zu dem allein noch leerstehenden Tische, ließ sich auf den lautkrachenden Stuhl fallen, zog die bestaubten Gamaschen in die Höhe, warf den Dreispitz von dem zierlich bezopften Kopfe und wartete nun augenscheinlich auf irgend einen dienstbaren Geist, um sich mit dessen Hilfe von einem der obengenannten Erbübel zu befreien.

Zufälliger Weise aber war sein Kommen nicht bemerkt worden, und so zupfte er zunächst etliche Male ungeduldig an dem blauen Leinwandsacke herum, welcher seinen breitschultrigen Oberkörper bedeckte, wirbelte sodann mit unmuthiger Miene die beiden Spitzen seines Schnurrwichses um die Zeigefinger, und als auch diese Manipulation erfolglos blieb, erhob er endlich den dicken Knotenstock, welcher mittelst eines Lederriemens an seinem Handgelenk hing, und ließ ihn lautdröhnend auf die eichene Platte des Tisches fallen.

„Heda, alte Klatschmaschine, mach’, daß Du bald vorkommst, sonst werde ich Dir Beine machen!“

So sah der Anfang des Erstdruckes aus.

*darüber von den Andern groß angesehen. Aber ebenso kräftig und entschieden konnte sie auch gegen Den auftreten, welcher es wagte, sie aus ihrem Gleichgewichte zu bringen, und gar mancher Gast schon hatte solches Beginnen mit einem blitzschnellen „An die Luft setzen“ büßen müssen.*

*Auch jetzt hatte sie sich mühsam zwischen den vielen anwesenden Marktgästen hindurchgedrängt, um an dem hintern Tische einen der erwähnten Bevorzugten mit ihrer Aufmerksamkeit zu beglücken, als sich die Thür öffnete und ein Mann eintrat, welcher sich tief bücken mußte, um seinem Kopfe eine unliebsame Berührung mit den Querbalken zu ersparen. Obgleich er die Sechzig längst zurückgelegt haben mußte, trug er sich doch so stramm und kräftig, als stehe er noch zwischen zwanzig und dreißig, und das dunkle, scharfe Auge hatte mit jugendlicher Lebhaftigkeit das Zimmer mit einem einzigen kurzen Blicke überflogen.*

Der Mann, der *so stramm und kräftig* die Schankwirtschaft der Mutter Röse betritt, ist kein Geringer als Leopold I., Fürst von Anhalt-Dessau, genannt der Alte Dessauer, und der Schriftsteller, dem wir diesen Blick ins Lokalkolorit anno 1745 verdanken, heißt Karl May. Es sind die ersten

Zeilen seiner Humoreske *Unter den Werbern* aus dem Jahre 1876, die unmittelbar nach einem Studiumaufenthalt in Dessau entstand.

Wer den Namen Karl May hört, denkt zweifelsohne sofort an turbulente Abenteuer in exotischen Fernen, läßt die Gedanken nach Nordamerika und in den Orient schweifen, wird an Winnetou und Old Shatterhand, an Kara Ben Nemsi und Hadschi Halef Omar erinnert.

Passonierte Leser wissen natürlich von der weitaus größeren Breite des Werkes: Auch neun Humoresken über den Alten Dessauer gehören dazu, und noch in einer weiteren Geschichte spielt der anhaltische Landesfürst eine Rolle.

Jahrelang verfolgte Karl May den Plan eines großen Werkes über Leopold I.; er sammelte Material und recherchierte auf Reisen. Keine andere historische Persönlichkeit hat ihn so nachhaltig und ausdauernd fasziniert.

Hohenstein-Ernstthal und Radebeul gelten als Karl-May-Städte. Auch Dessau diesen Namen zubilligen zu wollen, wäre wohl übertrieben, selbst wenn der Schriftsteller mehrfach in der prächtigen Residenz weilte. Immerhin aber reichen seine Beziehungen zu dieser Stadt über die Zuneigung zum Alten Dessauer hinaus; seine Liebe galt auch einer „alten Dessauerin“: *Sie stammte aus Dessau, hatte eine höhere Bildung genossen, dirigierte außer dem Haushalte auch noch die ganze, bedeutende Fabrik, während ihr Mann die kaufmännische und wissenschaftliche Führung hatte, war arbeitssam im allerhöchsten Grade und eine außerordentlich pflichttreue, menschenfreundliche und wohlthätige Frau. Im Uebrigen hielt ich sie für ein Gänschen, nicht ganz so groß wie meine eigene Gans, doch geistig unbedeutend. Jetzt freilich, nun sie mir als Frau zur Seite steht und mir in der schwersten Zeit meines Lebens ein wahrer Engel gewesen ist, habe ich diese Meinung korrigirt.*

Das vermerkt Karl May 1907 in der damals unveröffentlichten Schrift *Frau Pollmer, eine psychologische Studie* über seine zweite Ehefrau Klara, geborene Beibler, verwitwet gewesene Plöhn – für ihn eine wertvolle Stütze in schlimmen Jahren, nach Worten von Hans Wollschläger eine Frau, „die dem Rang des Namens, den sie trug, nicht gewachsen war . . .“

Die Karl-May-Forschung urteilt durchweg in gleicher Richtung. Welche Gründe besorgten das Schwanken zwischen Licht und Zwielicht? Und weshalb widmete der sächsische Phantast gerade dem Alten Dessauer so auffallende Sympathie?

Wir wollen den Beziehungen Karl Mays zu Dessau – zum Alten Dessauer wie zur „alten Dessauerin“ – nachspüren und Antworten auf solche Fragen finden.

Im Anhang bieten wir unseren Lesern zwei Maysche Dessauer Humoresken, die nur wenig bekannt sind.

Klara May

## Ernstthal via Dessau nach Radebeul

**– Lebensstationen Karl Mays –**

*Ich bin im niedrigsten, tiefsten Ardistan geboren, ein Lieblingskind der Not, der Sorge, des Kummers.* So eröffnet Karl May seine Selbstbiographie *Mein Leben und Streben. Ardistan ist . . . die Heimat der niedrigen, selbstsüchtigen Daseinsformen;* sein Ardistan heißt Ernstthal, hier steht das Haus, *nur drei schmale Fenster breit und sehr aus Holz gebaut, dafür . . . drei Stockwerke hoch,* wo er am 25. Februar 1842 als fünftes von vierzehn Kindern des armen Webergesellen Heinrich August May und dessen Ehefrau Christiane Wilhelmine, geborene Weise, das Licht einer trüben Welt erblickt. Für nur kurze Zeit; während neun seiner Geschwister durch Mangel an ausreichender Nahrung und Hygiene noch in den beiden ersten Lebensjahren sterben, erblindet der kleine, schwächliche Knabe Karl Friedrich May, vermutlich durch eine Infektion, schon bald nach der Geburt. Nach Vollendung des vierten Lebensjahres gibt ihm ärztliche Kunst die Sehkraft zurück.

Die dunklen Kindheitsjahre füllte die Großmutter väterlicherseits mit einem Übermaß an Hinwendung aus. Märchen werden lebendig und von dem Jungen nacherzählt, eine ungemeine reiche Phantasie schlägt erste Wurzeln. Später behauptete Karl May, die Großmutter habe auf seine seelische Entwicklung den größten Einfluß ausgeübt und sogar Anregungen für literarische Schauplätze in exotischen Gefilden vermittelt. Solche Inspirationen wird er jedoch viel mehr von dem Paten Christian Friedrich Weißpflog empfangen haben, dem Ernstthaler Schmied, der als Wanderbursche weit in der Welt herumgekommen und *ein gar gewaltiger Erzähler voll übersprudelnder, mit in das Alter hinüber geretteter Jugendlust und Menschenliebe war.* Nachhaltiger Einfluß geht auch vom Vater aus, der gleich Generationen vor ihm zum kärglichen Dasein als Heimweber gezwungen ist. Ambitionen, aus diesem Kreis auszubrechen, hatten sich zerschlagen, und die endlosen monotonen Stunden hinter dem Webstuhl verbitterten ihn zunehmend. Als ein *Mensch mit zwei Seelen* wird er geschildert, die *eine unendlich weich, die andere tyrannisch, voll Uebermaß im Zorn, unfähig sich zu beherrschen.*

Karl, der einzige ihm verbliebene Sohn, soll es einmal besser haben, der Vater will ihn zum gebildeten Mann erziehen. Er borgt Bücher, Fibeln und Traktate und einen Geographiefolianten von über 500 Seiten, die der Junge einpauken und zumeist abschreiben muß. Prügel bricht jeden Widerstand, an Spielen und Herumtollen ist nicht zu denken. Hinzu kommen kostenlose Musikstunden beim Kantor und englisch und französische Privatstunden, für die das Geld durch Kegelaufsetzen verdient werden muß.

*Ein echter, wirklicher Schulkamerad und Jugendfreund ist mir nie beschieden gewesen*, erinnert sich May später. Einzige Zuflucht findet er bei der Großmutter, die ihm nach wie vor übergroße Zärtlichkeit entgegenbringt.

So wächst der Junge im Spannungsfeld zweier gegensätzlicher Pole auf – *für so ein kleines, weiches Menschenkind ein großes psychologisches Uebel*: Lebenslange schlimme Folgen sind vorprogrammiert.

Karl May zieht sich in eine innere Scheinwelt zurück. Versagte Sehnsüchte verwirklichen sich durch die reiche Phantasie in Wunschbildern mit teilweise grotesken Auswüchsen. Die Kontaktarmut fördert Minderwertigkeitskomplexe, die ihrerseits ein permanentes Verlangen nach Kompensation und dabei häufige Überschattung durch Tragik auslösen.

Als Vierzehnjähriger verläßt er nachts heimlich das Elternhaus. Er will nach Spanien wandern und bei den edlen Räubern in der Sierra Morena Hilfe gegen die Not holen. Unter anderem auch, um seinen sehnlichsten Wunsch zu erfüllen, ein Gymnasium zu besuchen und Medizin zu studieren. Bei Zwickau hat ihn der Vater eingeholt: Der erste Versuch, eine große Tat zu vollbringen, ist gescheitert. Und zum ersten Mal ist seine Traumwelt an der Realität geborsten.

Was sich bei größter Sparsamkeit verwirklichen läßt, ist ein Seminarstudium in Waldenburg mit dem Berufsziel Volksschullehrer. Die Ausbildung – ab 1856 – läuft *wie eine alte Kuckucksuhr*: monoton, streng, hart, *keine Spur von Wärme*. Zu Lehrern und Mitschülern findet er keine Bindung: *Ich vereinsamte auch hier und zwar mehr, viel mehr als daheim.*

Im November 1859 hat er als „Lichtwochner" Leuchter zu säubern und neue Kerzen aufzustecken. Um zum Weihnachtsfest im elterlichen Haus für festlichen Glanz zu sorgen, versteckt er sechs Wachslichter im Koffer. Die Sache wird entdeckt und dem Dresdener Kultusministerium vorgelegt, das Ende 1860 von fünf möglichen Strafen die härteste verhängt: „Gänzliche Entfernung aus dem Seminar."

Nach einem Bittgesuch und dem Schreiben des Ernstthaler Pfarrers kann er in Plauen die Ausbildung mit dem Prädikat II abschließen.

Ab Oktober 1861 arbeitet Karl May als Hilfslehrer an der Armenschule in Glauchau, ab Monatsende oder Anfang November an einer Fabrikschule in Altchemnitz. Hier muß er das Zimmer mit einem Buchhalter teilen, dem die Einquartierung sichtlich mißfällt. Dennoch leiht dieser Mann dem neuen Stubengenossen seine alte Taschenuhr, die May täglich nach den Schulstunden an vereinbarter Stelle aufhängt. Am letzten Tag vor den ersten Weihnachtsfeiern unterläßt er das Ritual und fährt unbekümmert nach Ernstthal. In seinen Taschen befinden sich aus dem Besitz des Buchhalters noch ein Tabakspfeifchen und eine Zigarrenspitze; vor Eltern und Geschwistern will er nun ein wenig damit renommieren.

Die Fabrikschreiberseele aber sieht nun eine günstige Gelegenheit, das Zimmer wieder allein zu bewohnen. Gegen May ergeht eine Anzeige wegen Diebstahls, zum Weihnachtsfest wird er verhaftet. Er versichert, daß er die Dinge nach den Ferien zurückbringen wollte, wird aber dennoch mit sechs Wochen Gefängnis belegt, allerdings nicht mehr wegen Diebstahls, sondern wegen „widerrechtlicher Benutzung fremder Sachen." Die Strafe muß er vom 8. September bis 20. Oktober 1862 in Chemnitz verbüßen; am 20. Juni 1863 wird sein Name aus der Liste der Schulamtskandidaten gestrichen: Berufsverbot auf Lebenszeit! Die Früchte jahrelang erhungerter Lehrerausbildung sind vernichtet.

Das ungemein harte Urteil für die vergleichsweise harmlose Bagatelle stützte sich auf Artikel 330, Absatz 3 des sächsischen Strafgesetzbuches; ab 1871 war ein solches „Delikt" nach dem einheitlichen Strafgesetzbuch des Deutschen Reiches nicht mehr strafbar.

Karl May bricht unter der Wucht der Ereignisse seelisch zusammen. Er gibt ein paar Privatstunden, tritt als Deklamator auf, komponiert für den Ernstthaler Sängerkreis „Lyra", aber alles in allem vertieft die materielle Not seine Verzweiflung. Was er später in seiner Selbstbiographie *Mein Leben und Streben* berichtet, hochbezahlte Humoresken und Geschichten für Zeitungen geschrieben zu haben, gehört ins Reich der Fiktion. Denn er sucht nach einem anderen Ausweg, sich aus der Demütigung zu befreien: *Ich sann auf Rache, und zwar auf eine fürchterliche Rache, auf etwas noch niemals Dagewesenes. Die Rache sollte darin bestehen, daß ich, der durch die Bestrafung unter die Verbrecher Geworfene, nun wirklich auch Verbrechen beging.* Er will sich *rächen an der Polizei, rächen am Richter, rächen am Staate* – und dieser Staat heißt Sachsen.

Aber etwas *noch niemals Dagewesenes* wird es dennoch nicht, Phantasie und Renommiersucht drängen ihn auf den Pfad des Hochstaplers. In Penig tritt er im Juni 1864 als Augenarzt Dr. med. Heilig auf und spielt kurze Zeit jene Rolle, die ihm durch das versagte Medizinstudium verschlossen blieb. Er läßt sich ein paar Kleidungsstücke anfertigen und verschwindet, ohne zu bezahlen. Ähnlichen Kleiderschwindel wiederholt er in Chemnitz, und in Leipzig ist es ein Pelz, den er durch einen fast perfekten Theatercoup in seinen Besitz bringt. Aber in der Messestadt ereilt ihn auch das Schicksal, er wird verhaftet und zu vier Jahren und einem Monat Arbeitshaus verurteilt. Die Strafe muß er auf Schloß Osterstein in Zwickau vom 14. Juni 1865 bis 2. November 1868 verbüßen.

Zumindest in den letzten Zwickauer Monaten kann sich Karl May wenigstens eine Stunde am Tag eigenen Belangen widmen. Er nutzt die 4000 Bände zählende Bibliothek, liest viel und schmiedet Pläne für eigene schriftstellerische Arbeit. Als Wechsel auf die Zukunft stellt er das *Repertorium C. May* zusammen, einen Plan mit 137 Positionen und Skizzen zu literarischen Vorhaben, darunter per Nummer 123 ein Projekt zur preußischen und deutschen Historie und Militärgeschichte. Möglicherweise sind bei dieser Gelegenheit – etwa Anfang 1868 – erste Gedanken zu den Dessauer-Humoresken entstanden.

Nach der Entlassung schmilzt die Euphorie rasch dahin. Ob er Ende 1868/Anfang 1869 etwas veröffentlichen kann, ist bis heute unbekannt: keine Publikation aus jener Zeit wurde bisher entdeckt. Erneut brechen die Minderwertigkeitskomplexe auf, zumal überall argwöhnische Augen den entlassenen Arbeitshäusler zu verfolgen scheinen. May fühlt sich wiederum gedemütigt, die angestaute Phantasie und seelische Depressionen wollen sich entladen. Was auf dem Papier noch nicht möglich ist, wird ein weiteres Mal im Leben praktiziert.

Als „Polizeilieutnant von Wolframsdorf" fahndet er am 29. März 1869 beim Krämer Reimann in Wiederau bei Mittweida nach Falschgeld und beschlagnahmt angebliche Blüten. Ähnliche Aktionen folgen. Zwischendurch sucht er Unterschlupf in einem alten Eisenstollen bei Hohenstein-Ernstthal, der heute als „Karl-May-Höhle" bekannt ist. Zu seiner „Beute" gehören fünf Billardbälle, ein Pferd, das ihm aber noch vor Empfang des Verkaufserlöses wieder abgejagt wird, ein Handbuch und ein Zigarrenpfeifchen. Aktion ist für ihn entscheidend, er will als „Geheimer" bewundert werden; materieller Gewinn, wenig mehr als 106 Taler, steht an hinterer Stelle.

Karl May wird festgenommen, kann bei einem Lokaltermin entfliehen, fällt wieder in die Hände der Polizei und wird am 13. April 1870 vom Bezirksgericht Mittweida zu vier Jahren Zuchthaus verurteilt. Die Strafe verbüßt er in Waldheim. Alle Behauptungen, er habe hier erste Teile seiner Werke geschrieben, sind purer Unsinn; schon das Abfassen eines Briefes gehörte zu den Privilegien bei guter Führung. Ab 2. Mai 1874 ist er wieder in Freiheit und lebt zunächst bei den Eltern in Ernstthal. Vermutlich durch eine Manuskripteinsendung angeregt, besucht ihn der Dresdner Verleger Heinrich Gotthold Münchmeyer und bietet ihm die Redakteurstelle für zwei Zeitschriften an.

Anders als 1868 liegen jetzt – in der Zeit der Gründerjahre – die Bedingungen für einen schriftstellerischen Start ungleich günstiger. Unterhaltungslektüre als freudvoller Ausgleich zur weniger freudvollen Alltagsarbeit ist gefragt, neue Familien- und Wochenjournale entstehen, viele Leser lassen sich beim Schmökern gern aus grauem Wohnmilieu in helle exotische Fernen entführen. Karl May wird sich auf diesem Gebiet

Karl May als Redakteur (etwa 1875)

als erstrangiger Könner erweisen. Mit Winnetou, Old Shatterhand und Kara Ben Nemsi präsentiert er Helden, die sich zur Identifikation anbieten. So wie sie möchte er selbst durchs Leben reiten, und so würden sich auch die Leser gern sehen – als überragende Könner, denen letztendlich alles gelingt.

Gleiches gilt für historische Heldenmythen. Romane mit tapferen Rittern und edlen Räubern haben Renaissance. Nicht minder begehrt sind Berichte und Bücher über geschichtliche Persönlichkeiten, die sich siegreich behauptet haben. Wie beispielsweise der Alte Dessauer, der in etlichen Schlachten die Feinde bezwang. Ob dabei Recht oder Unrecht geschah, bleibt zunächst uninteressant. Vordergründig zählen Erfolg und Bravour, mit der er errungen wurde. Wenn dann noch menschlich liebenswerte Stärken oder auch Schwächen des Helden hinzukommen, ist um Lesergunst erst recht nicht zu bangen.

Zu Mays ersten Aufgaben als Zeitschriftenredakteur gehört die Werbung für die Wochenzeitschrift „Schacht und Hütte. Blätter zur Unterhaltung und Belehrung für Berg-, Hütten und Maschinenarbeiter", die ab September 1875 erscheint. Ende August tritt er eine Rundreise an, um einige Probenummern *den Königen, Fürsten und Baronen der Berg-, Hütten- und Eisenindustrie persönlich vorzulegen. Ich meine da Leute,* schreibt er später, *wie Krupp, Hartmann, Borsig und andere.* Nur Essen, Chemnitz und Berlin erwähnt er als Stationen der Tour, auf der er über 200 000 Abonnenten – eine sicherlich grandios übertriebene Zahl – geworben haben will. Aber ganz bestimmt hat er auf der Werbefahrt bis Anfang September noch weitere Städte besucht.

Ob er dabei nach Dessau kam, wissen wir nicht, die Vermutung liegt jedoch nahe. Denn die Gründerjahre wandelten auch die Stadt an der Mulde ziemlich rasch zum gewichtigen Industriezentrum.

1870 gab es im Herzogtum Anhalt-Dessau das dichteste Eisenbahnverkehrsnetz aller deutschen Bundesstaaten. Die Stadt war bedeutender Umschlagort für Frachtgut auf dem Wasserweg von und nach Hamburg beziehungsweise Böhmen sowie auf dem Schienenstrang von und nach Berlin und Leipzig: Wichtige Verkehrswege führten über Dessau. Und zu den zahlreichen neuen Klein-, Mittel- und Großbetrieben der Stadt gehörten auch Werke der Eisenindustrie, so die 1872 gegründete „Centralwerkstatt" der Deutschen Continental-Gas-Gesellschaft in Dessau, die Apparaturen für die gaserzeugende Industrie produzierte – ein Betrieb von europäischem Rang. Oder die ebenfalls 1872 entstandene Berlin-Anhaltische Maschinenbau- und Aktiengesellschaft; mithin also Unternehmen, die durch das Profil von „Schacht und Hütte" angesprochen werden sollten. Was aber noch als trefflicheres Indiz für einen Dessau-Besuch Mays Ende August/Anfang September 1875 gelten muß: In der ersten und zweiten Septemberwoche erscheint im „Deutschen Fa-

Karl und Emma May

milienblatt" – das ist die andere Münchmeyer-Zeitschrift, die der junge Redakteur betreut – unter dem Titel *Ein Stücklein vom alten Dessauer* die erste Humoreske; die kleine, nur sechs Quartseiten zählende Erzählung ist Mays fünfte belletristische Publikation. Zuvor beschriebene Handlungsorte waren Ernstthal, Hohenstein, Chemnitz, Spanien und Nordamerika, jetzt beginnt das Geschehen im Dessauer Schloß. Da May zur gleichen Zeit eine Reiseroute nach eigenen Vorstellungen arrangieren konnte, darf man schon vermuten, daß er den sich ohnehin anbietenden „Tatort" ins Programm aufnahm. Wie wir noch sehen werden, weilt er wenige Monate später (wieder) in Dessau, um gezielt für weitere Humoresken zu recherchieren.

Zur Mitte des Jahres 1876 lernt Karl May bei einem Besuch in Hohenstein die 14 Jahre jüngere, sehr attraktive Emma Pollmer kennen und lieben. Nahezu gleichzeitig beginnt der Verleger Münchmeyer, der mit der Arbeit seines Redakteurs sehr zufrieden ist und ihn dauernd an sich binden möchte, mit Versuchen, eine Liaison zwischen May und seiner 33jährigen Schwägerin zu knüpfen. Die Situation spitzt sich unerträglich zu, so daß May im Februar 1877 aus dem Verlag ausscheidet. Im ersten Halbjahr 1878 übernimmt er eine Redakteurstelle im Dresdener Verlag von Bruno Radelli, um danach für immer freischaffend zu arbeiten. Die Probeehe mit Emma Pollmer wird in Hohenstein fortgesetzt. Im August 1880 findet schließlich die Hochzeit statt. Damit beginnt offiziell eine Ehe mit vielen Hochs und Tiefs – der Gatte beklagt unter anderem das mangelnde Verständnis der Angetrauten für seine literarische Arbeit –, die 1903 mit der *Scheidung von dieser fürchterlichen Frau* endet.

Zunächst aber funkelt noch der Stern des Glückes, im Spätsommer 1882 gönnt sich das junge Paar einige erholsame Tage in Dresden. Dort kommt es zur Wiederbegegnung mit dem Verleger Münchmeyer. Er klagt über schlechte Verlagsgeschäfte, an denen May durch seinen Weggang nicht schuldlos sei, und kann ihn schließlich zum Schreiben eines Lieferungsromans überreden.

Alles wird nur mündlich vereinbart: 100 Hefte a 24 Seiten, Auflage 20 000 Exemplare, Honorar 35 Mark pro Heft. Der Schriftsteller sieht offensichtlich nur den Betrag von 3500 Mark und den verlockenden Vorschuß von 500 Mark, nicht aber den Autorenanteil von miesen 1,75 Prozent, als er zusagt. Denn Geld hat er bitter nötig, seine junge Frau stellt ihre Ansprüche, und die bisherigen Einnahmen bleiben trotz fleißiger Tag- und Nachtarbeit bescheiden. Zwar läuft seit 1879 die Geschäftsverbindung mit dem Regensburger Verleger Pustet, der das für einen jungen Autor schmeichelhafte Angebot unterbreitet hatte, künftig alle Manuskripte zu übernehmen und sofort zu bezahlen. In seiner Zeitschrift „Deutscher Hausschatz in Wort und Bild", dem führenden katholischen Familienblatt, erscheinen dann auch die Erstdrucke des großen Orient-Balkan-Zyklus und anderer Werke, aber die Aufnahmekapazität eines konfessionellen Wochenjournals für unterhaltsame Abenteuererzählungen ist eben begrenzt.

So erscheint ab November 1882 *Das Waldröschen oder Die Rächerjagd rund um die Erde. Großer Enthüllungsroman über die Geheimnisse der menschlichen Gesellschaft von Capitän Ramon Diaz de la Escosura*, ein Riesenwerk von 109 Heften mit 2612 großformatigen Seiten. Der Erfolg – für den Verleger – ist überwältigend, die vereinbarte Auflagenhöhe wird um ein vielfaches überschritten. Aber darum kümmert sich May vorerst überhaupt nicht, vielmehr läßt er sich überreden, bis 1887 noch vier weitere Mammutromane zu schreiben. Einer erscheint unter seinem Namen, die anderen tragen Pseudonyme.

Die Abkehr von dieser wahrlichen Fronarbeit bewirkt ein Angebot der 1887 unter dem Titel „Der Gute Kamerad" neugegründeten Stuttgarter „Illustrierten Knaben-Zeitung"; Nummer 1 startet mit Mays berühmt gewordener Wildwestgeschichte *Der Sohn des Bärenjägers*. In dieser für damalige Verhältnisse flott redigierten Jugendzeitschrift folgen bis 1897 *Der Schatz im Silbersee, Das Vermächtnis des Inka, Der Ölprinz* und andere Werke, die heute zur klassischen Abenteuerliteratur zählen.

Im April 1883 waren Karl und Emma May nach Dresden übersiedelt, hatten dort mehrfach die Wohnung gewechselt, um sich im Oktober 1888 im Gebiet der heutigen Stadt Radebeul niederzulassen. Dort kommt es im November 1891 zur Begegnung mit dem Freiburger Verleger Friedrich Ernst Fehsenfeld, der für sein junges Unternehmen Ausschau nach Autoren hält und vorschlägt, die im „Deutschen Hausschatz" und anderen Zeitschriften verstreuten Reiseromane und Erzählungen in Buchausgaben zu edieren.

Bereits 1892 liegen die ersten sechs Bände von „Carl May's gesammelten Reiseromanen" vor: *Durch die Wüste* und die anderen Titel des Orient-Balkan-Zyklus. Im Jahr darauf folgt mit der dreibändigen *Winnetou*-Ausgabe Mays berühmtestes Werk. Der Schriftsteller stellt es aus einzelnen Erzählungen früherer Jahre zusammen und schreibt einige Teile neu. Die Fehsenfeld-Serie wächst bis 1910 auf insgesamt 33 Bände. Durch diese Buchausgaben hat die Not zurückliegender Jahre ihr Ende. Karl May wird kein reicher, aber ein wohlhabender Mann. Ende 1895 kauft er in Radebeul für 37 300 Mark jenes Grundstück, das er Villa „Shatterhand" nennt und bis zum Tode bewohnt.

Lebte er bisher sehr zurückgezogen, so pflegt er jetzt einige gesellschaftliche Verbindungen. Eine herausragende Rolle im Freundeskreis spielt seit den frühen neunziger Jahren das Radebeuler Fabrikanten-Ehepaar Richard und Klara Plöhn. Den Beziehungen zu Klara Plöhn, einer „alten Dessauerin" und Mays zweiter Ehefrau, werden wir in einem eigenen Kapitel nachspüren.

Erstes Winnetou-Bild in einer Buchausgabe von 1879

Karl May als Old Shatterhand

Karl May als Kara Ben Nemsi

Einen großen Teil seiner Erzählungen hatte May in der Ich-Form geschrieben. Angestoßen durch Anfragen von Lesern, die Näheres zu den Helden der Bücher erfahren wollten, beginnt etwa 1894 eine nur schwer nachvollziehbare Entwicklung. Ich, Karl May, Doktor der Philosophie, *bin wirklich Old Shatterhand resp. Kara Ben Nemsi*, wird den Lesern mitgeteilt. *Ja, ich habe das Alles und noch viel mehr erlebt. Ich trage noch heute die Narben von den Wunden, die ich erhalten habe.* Über zwanzigmal sei er in Amerika gewesen, und er würde mehr als 40 Fremdsprachen beherrschen. Wenig später erhöht er in einem Vortrag diese Anzahl auf *über 1200 Sprachen und Dialekte.*

1896 läßt er rund 100 Fotos herstellen, die ihn in vielen Posen im Kostüm als Old Shatterhand oder Kara Ben Nemsi zeigen. Winnetous Silberbüchse und den Bärentöter fertigt ein Dresdner Büchsenmacher an und können nun ebenfalls präsentiert werden; den Henrystutzen, seit 1875 Requisit der Erzählungen, kauft er erst 1902.

Sucht man nach den Ursachen dieser als „Old Shatterhand-Legende" bezeichneten Phänomene, so findet sich die Erklärung in der nach wie vor vorhandenen inneren Einsamkeit Karl Mays: Die Leser bewunderten die Helden seiner Bücher, und solche Verehrung und Liebe wollte er nun ganz einfach auch auf die eigene Person lenken. Überreiche Phantasie und Renommiergehabe führten dann zu den grotesken Auswüchsen.

In jenen Jahren prägte zunehmende Unruhe sein Leben; ab 1897 fährt er nahezu pausenlos durch Deutschland und Österreich. Bereits 1894 weilte er mit Frau Emma in Dessau, im Frühjahr 1898 ist diese Stadt wieder Station einer Reise, die er allein unternimmt. Die Ruhelosigkeit gleicht einer Flucht vor sich selbst, sie findet ihren Höhepunkt in Karl Mays erster außereuropäischen Reise, die ihn vom 26. März 1899 bis zum 31. Juli 1900 über Ägypten und den nahen Osten bis nach Ceylon und Sumatra führt.

Die orientalische Realität erweist ich gänzlich anders, als er sie 25 Jahre lang in seinen Werken ausgemalt hat. Schon in Kairo kommt es zum Schock, und nach und nach fällt die phantastische Traumwelt mit dem unüberwindlichen Kara Ben Nemsi im Mittelpunkt in sich zusammen. Zweimal erleidet Karl May Nervenzusammenbrüche, von denen er sich nur mühsam erholt. Monatelang schwelt die seelische Krise, vollzieht sich der innere Wandel, der schließlich zur Abkehr von der „Old Shatterhand-Legende" führt. *Alle meine bisherigen Bände sind nur Einleitung, nur Vorbereitung*, schreibt er an den Verleger Fehsenfeld: *Ich trete erst jetzt an meine eigentliche Aufgabe.*

Karl May wird fortan nicht mehr turbulent fabulieren. Sein Spätwerk, zu dem unter anderem die Titel *Ardistan und Dschinnistan* sowie *Winnetou, Band IV* gehören, ist durch das Bemühen um anspruchsvolle literarisch-ästhetische Gestaltung und allegorische Darstellungen geprägt.

Gedanken an ein humanistisches Miteinander aller Menschen und an eine Welt des Friedens, die im Werk von Anfang an sichtbar wurden, haben jetzt absolute Priorität.

Seiner *eigentlichen Aufgabe* kann Karl May aber nicht mehr in Ruhe und Frieden nachgehen. Noch während der Orientreise melden in der deutschen Presse erste Stimmen Zweifel an der Realität der geschilderten Abenteuer an. Unkluge Reaktionen an diese vagen Kritiken – mit täppischem Ernst wird behauptet, die Erzählungen seien *durchaus keine Phantasiegebilde* – lösen spöttische und höhnische Gegenrepliken und erste Verleumdungen aus: May weile gar nicht im Orient, sondern in einem bayrischen Kurbad zur Heilung einer Geschlechtskrankheit. Bösartige Erfindungen dieser Art werden von Schreibern vorgetragen, denen der Neid an Mays Erfolg die Feder führt. Aber dabei wird es nicht bleiben.

Der Münchmeyer-Verlag ist von einem Adalbert Fischer gekauft worden, der ab 1900 die fünf großen Lieferungsromane unter Mays Namen neu herausgibt. Damit ist der Mantel einstiger Pseudonymität geschwunden, was nun Kreise der katholischen Publizistik auf den Plan ruft. Sie empören sich über Mays vermeintliches Doppelspiel: Neben „frommen" Reiseromanen im „Deutschen Hausschatz" habe er gleichzeitig „abgrundtief unsittliche" Kolportageromane produziert, von „tiefsten Negligés, durchsichtigen Kleidern üppigen Formen" und so weiter geschrieben – Anwürfe, die heute mehr als grotesk wirken. Die Jugendverfehlungen und Vorstrafen werden publik gemacht, der unrechtmäßig geführte Doktortitel angeprangert, Plagiatsvorwürfe erhoben.

Im Jahre 1901 war Karl May gebeten worden, für das hurrapatriotische Sammelwerk „China", das den Einsatz deutscher Truppen bei der Niederschlagung des Ihotwan-Aufstandes in China verherrlichen sollte, einen belletristichen Beitrag beizusteuern. Mit der Erzählung *Et in terra pax* lieferte er eine pazifistische Erzählung mit Bekenntnissen gegen Imperialismus und Kolonialismus. Das Anliegen des Buches war unterlaufen, und damit lenkte er den Haß solcher Organisationen wie die Kolonialgesellschaft auf sich. Schon vorher, als „Kolonialromane" groß in Mode kamen, hatte er sich von derartigen Tendenzen ferngehalten; keine seiner Romanfiguren betritt kaiserlichen Kolonialboden.

*Et in terra pax* und die daraus entstandene Buchausgabe *Und Friede auf Erden!* veranlassen den Kaplan der Dresdner katholischen Hofkirche Paul Rentschka sogar zu einem Donnerwetter von der Kanzel herab: Mays religiöse Toleranz sei „Indifferentismus, . . . allergefährlichste Propaganda", denn in das friedliche Miteinander aller Nationen der Erde habe er „jedes Menschenherz, auch das jedes Heiden", einbezogen.

Bereits zu Beginn der Angriffe, die im Laufe der Jahre schlimm eskalierten, war Karl Mays kriselnde Ehe mit Emma zerbrochen. Nach der Scheidung heiratete er am 30. März die seit zwei Jahren verwitwete Klara Plöhn, die ihn fortan tatkräftig unterstützte und für heimische Geborgenheit sorgte.

Karl Mays schlimmster Gegner war ab Ende 1904 der Journalist Rudolf Lebius, der sich zunächst wegen eines verweigerten Darlehens rächt und dann ein regelrechtes Komplott inszeniert. Er arbeitet unter anderem für die Kolonialgesellschaft und die „gelben Werkvereine", liegt im ständigen Konflikt mit der Sozialdemokratie, die ihrerseits May als Zeugen gegen den arbeitgeberfreundlichen Agitator gewinnen will und ihm in ihrer Presse Beistand leistet, was wiederum den Lebius zum „Vernichtungsfeldzug" gegen May veranlaßt. Der vielgelesene Schriftsteller ist durch das Engagement gegen Kolonialismus, für Frieden und Humanismus zu einer moralischen Macht gewachsen, die gebrochen werden soll.

Der Journalist steht mit Gegnern des Schriftstellers, die zudem noch in mehrfacher Weise freundschaftlich und sogar verwandtschaftlich verbunden sind, in Verbindung: Einzelne Schritte werden abgestimmt, Materialien ausgetauscht.

In Presseartikeln fälscht Lebius die relativ harmlosen Jugenddelikte zu schweren Gewaltverbrechen um: May habe eine Räuberbande angeführt, Marktfrauen überfallen, sei fast täglich eingebrochen, Militär habe aufgeboten werden müssen, um die Wochenmärkte zu schützen.

Seit Ende 1904 ist Karl May mit Lebius in eine Vielzahl gerichtlicher Auseinandersetzungen verstrickt. Beleidigungs- und Verleumdungsklagen muß er auch gegen andere Gegner einreichen, und schon 1902 beginnt eine Prozeßlawine gegen die Verlegerswitwe Pauline Münchmeyer, die erst nach seinem Tode zum Stillstand kommt: Karl May verlangt Rechnungslegung über die seit 1882 edierten Lieferungsromane. Der Anwalt der Firma, Oskar Gerlach, spielt das ganze Repertoire advokatischer Tricks aus, inszeniert sogar ein völlig haltloses Meineidsverfahren, das am 9. November 1907 zu einer mehrstündigen Haussuchung in der Villa „Shatterhand" führt. Im Rahmen der vielen Rechtstreitigkeiten ist Karl May unzähligen Verhören ausgesetzt; immer wieder geht es auch um die Jugenddelikte. Jahrelange Pressehetze und Prozesse untergraben die Gesundheit des Schriftstellers; betrachtet man Porträts etwa aus den letzten fünf Lebensjahren, so wird ein erschreckender körperlicher Verfall erkennbar.

Außer der Haussuchung zeigt vor allem die Verhandlung vor dem Schöffengericht Berlin-Charlottenburg am 12. April 1910 verheerende Wirkung. Lebius hatte May im Brief an eine Kammersängerin als „geborenen Verbrecher" bezeichnet und wird in der nun anhängigen Privatklage von einem betagten Amtsrichter, der unter den Plagen körperlicher Gebrechen leidet und alles schnell hinter sich bringen will und ohnehin die ganzen Vorgänge kaum noch überschaut, wegen „Wahrnehmung berechtigter Interessen“ freigesprochen. Im Gerichtssaal durften der Journalist und sein Anwalt die in den Zeitungen ausgestreuten bösartigen Verleumdungen noch einmal ausbreiten – in den Tagen danach laufen die Storys vom „Räuberhauptmann Karl May“ nunmehr sogar als gerichtsnotorisch verbürgte „Tatsachen“ durch die Presse –, so daß Karl May völlig fassungslos ist. *Es ist alles nicht wahr,* kann er nur leise sagen, dann ist er zu keiner weiteren Erwiderung fähig; er hatte ganz fest mit einer Verurteilung des Verleumders gerechnet und war daher sogar ohne anwaltlichen Beistand zur Verhandlung gefahren.

In der Berufungsverhandlung vor dem Landgericht Berlin-Moabit, die nach 20 zermürbenden Monaten erst am 18. Dezember 1911 stattfindet, werden der Charlottenburger Spruch revidiert und Lebius zur Geldstrafe von 100 Mark, ersatzweise 20 Tage Gefängnis, verurteilt. Triumph aber kann für Karl May aus diesem späten Sieg nicht mehr erwachsen.

Das vorangegangene skandalöse Fehlurteil hat ihn zutiefst getroffen. Und das er in all den schweren Jahren auch Freunde an seiner Seite weiß, Unterstützung beispielsweise durch Egon Erwin Kisch (1885–1948), damals junger Lokalreporter an der deutschsprachigen Prager „Bohemia“, und die Friedensnobelpreisträgerin Bertha von Suttner (1843–1914) – sie spricht May als ihren „Gesinnungsgenossen in Friedenssachen“ an – erfährt, kann das Schicksal nicht wenden.

Am 30. März 1912 erliegt Karl May der Verfolgungsjagd seiner Feinde. *Sieg! Großer Sieg! Rosen . . . rosenrot* sollen seine Worte gewesen sein, als er die letzte Schwelle schwerer Jahre überschritt. Überliefert hat das Klara May, die als einzige bei ihm weilte.

## „Der alte Knasterbart"

Gegen Ende des Monats April anno 1875 beginnt im ersten Band der „Deutschen Novellen-Flora. Sammlung der neuesten, fesselndsten Romane und Novellen unserer beliebtesten Volksschriftsteller der Gegenwart" die Veröffentlichung der nach heutigem Erkenntnisstand ersten Erzählung von Karl May. Sie trägt den Titel *Die Rose von Ernstthal* und erscheint in vier Lieferungen; die Zeitschrift gehört zu den zahllosen neuentstandenen Unterhaltungsblättern jener Zeit und wird von Hermann Oeser in Neusalza (Oberlausitz) herausgegeben. Karl May, seit März 1875 als Redakteur bei dem Dresdner Verleger Heinrich Gotthold Münchmeyer angestellt, hatte von Anfang an auch Verbindungen zu anderen Verlagen.

*Zwischen den Ausläufern des sächsischen Erzgebirges, da, wo das berühmte Zwickauer und Würschnitzer Kohlenbecken sich bis in die Nähe von Chemnitz zieht, liegen am nördlichen Rande desselben die beiden Schwesterstädte Hohenstein und Ernstthal, welche dem freundlichen Leser ihres Gewerbefleißes wegen gewiß bekannt sein werden. Besonders ist es Ernstthal, dessen Weberei schon vor langen Zeiten sich eines weitgehenden Rufes erfreute ... Aber der Webstuhl vermag der Hand auch des fleißigsten Arbeiters keine Reichthümer zu bieten, und so schmiegt sich das arme Städtchen klein und bescheiden an die Thalsenkung ...*

Mit solchen Bildern seiner Geburtsstadt Ernstthal eröffnet Karl May die Erzählung. Die Handlung beginnt dann in der „Eisenhöhle", der heutigen „Karl-May-Höhle": Ein Handwerksbursche hat zwischen den *Moostapeten* genächtigt, macht Morgentoilette am nahen Bächlein und lenkt seine Schritte dem Städtchen zu, *denn der Gesuchte hält sich jedenfalls in und um Ernstthal auf.*

Der Habitus als Handwerksbursche – *in seiner Haltung lag etwas soldatisch Strammes* – ist nur Tarnung; es ist der preußische Rittmeister Richard von Göbern, der den nach Sachsen desertierten Hauptmann von Bredenow aufspüren soll.

Noch im Wald komm es zur ersten Begegnung. Göbern wird Zeuge, wie ein fast blindes Mädchen von unvergleichlicher Schönheit – Auguste,

Karl Mays Geburtshaus in Hohenstein-Ernstthal

Karl-May-Höhle bei Hohenstein-Ernstthal

die „Rose von Ernstthal“ – vom *Blauweißen*, so genannt wegen seiner Kleidung, belästigt wird. Er kann den Zudringlichen in die Schranken weisen und erkennt ihn: *Das war er, einst Offizier und jetzt Lump im Cavalierskleide; ich werde ihn fassen und sein König wird ihn richten!*

Göbern verdingt sich als Geselle Goldschmidt beim Ernstthaler Schmied Weißpflog. Im gleichen Haus wohnen auch Auguste und ihre Mutter Anna; der Vater des Mädchens, der einstige Medizinstudent Emil Wallner, hat wegen der Suche nach einer Lebensstellung seine Braut noch vor der Hochzeit verlassen. Ein Brief kündigt jetzt seine Wiederkehr an, und als er am Ende der Geschichte eintrifft, kann er als tüchtiger Arzt durch eine Operation seiner Tochter die Sehkraft zurückgeben.

Im turbulenten Geschehen erinnern einige Szenen schon an die späteren Reiseromane Mays. Da kann der vermeintliche Schmiedegeselle ein Pferd bändigen, das noch keinen in den Sattel ließ. Und als der Junker Bredenow das Mädchen Auguste wieder einmal belästigt, wird er von Göbern mit einem einzigen Faustschlag, einem Jagdhieb a la Old Shatterhand, zu Boden geschmettert. Daß am Ende der Rittmeister den Deserteur *als Hochverräther und Spion* überführt, ist ebenso selbstverständlich wie das Happy-End der aufkeimenden Liebe zwischen Richard und Auguste.

Bereits diese allererste Erzählung macht Motive deutlich, die in späteren Werken noch häufig wiederkehren und mit denen May auf sein persönliches Leben reflektiert, etwa die Heilung von Blindheit – er agierte ja einst als „Augenarzt Dr. Heilig“ in Penig, und in der frühen Kindheit war er selbst blind – oder das Wunschbild vom unübertrefflichen Helden, hier in der Person des Richard von Göbern. So hätte er sich sein Auftreten im realen Leben gewünscht. Ganz typisch sind auch die Aktionen in Verkleidung, die am Ende fällt und einen Helden von hoher Herkunft zeigt. Bei den Dessauer-Humoresken werden wir das immer wieder erleben.

Personennamen wählte May oft nach lebenden Vorbildern: Mit der Figur des Schmiedes Weißpflog setzte er seinen Paten gleichen Namens und Metiers ein literarisches Denkmal. Anna und Auguste sind Bezüge auf seine Jugendliebe Anna Preßler und die spätere Geliebte Auguste Gräßler.

Noch bedeutsamer für unser Anliegen ist aber die Handlungszeit der Erzählung; es ist, so der Untertitel *Eine Erzählung aus der Mitte des vorigen Jahrhunderts*. Den historischen Hintergrund liefert die Zeit des Zweiten Schlesischen Krieges (1744/45): Friedrich der Große erzwang von Österreich die Abtretung der reichen Oderprovinz an Preußen. Das Kurfürstentum Sachsen kämpfte auf der Seite der Verlierer und erlitt am 15. Dezember 1745 in der Kesselsdorfer Schlacht bei Dresden eine empfindliche Niederlage.

Vorangegangene Kämpfe, schildert Karl May, hatten *die Reihen der Sachsen auf die jämmerlichste Weise* gelichtet. *Die so entstandenen Lücken mußten natürlich ausgefüllt werden und so bildeten sich nach der Weise jener Zeit im Lande zerstreute Werbestationen, welche nicht blos den freiwilligen Eintritt in die Armee vermittelten, sondern häufig auch Zwang übten, so daß die jungen, tauglichen Leute von den Tanzsälen, ja sogar bei Nacht und Nebel aus den Betten weggeholt wurden.* Retten konnte man sich vor den *Menschenjagden* nur durch Flucht, erfahren wir, aber *ein weit ausgebreitetes Spionirsystem zog seine Netze über das ganze Land, so daß der Bedrohte sicher durch die andere Masche in das Garn zurückschlüpfte, wenn er vorher durch die eine aus demselben entkommen war.*

*Seelenverkäufer* hießen die Werber im Volksmund, und ins Ensemble dieser gefürchteten, tückischen sächsischen Menschenjäger hat Karl May auch die negativste Figur seiner Erzählung, den junkerlichen Wüstling von Bredenow, eingereiht.

Das Kurfürstentum Sachsen, schreibt er weiter, gleicht einem *Januskopf*, einem doppelgesichtigen Wesen, das *sein Friedensgesicht nach Süden wendet und dem nördlichen Nachbar feindselige Grimassen schneidet;* deshalb *wird es sowohl an militärischen als auch civilen Ohrfeigen nicht mangeln, und die kriegerischen Bravours der märkischen Expansivkraft müssen allemal mit kurfürstlichem Avers und Revers bezahlt werden.*

Dafür sorgen Männer wie der preußische Rittmeister von Göbern, *der beste Reiter und Fechter der Armee, ein feiner Strategiker,* ein Held mit *geistiger Gewandtheit und körperlicher Stärke und Unverwüstlichkeit.* Und in noch entscheidender Weise dessen Pate, der Fürst Leopold von Anhalt-Dessau, der sich als *Oberstcommandirender der Preußen* bei Kesselsdorf *so außerordentlich brav geschlagen* und es den Sachsen gezeigt hatte, ein *origineller aber bei all seiner Grimmfertigkeit doch gutmüthiger Kopf.*

Schon in Mays allererster Erzählung taucht der Alte Dessauer zum ersten Mal auf, auch wenn er noch nicht persönlich ins Bild kommt. Die Geschichte endet, als Richard von Göbern in das von den Preußen besetzte Dresden aufbrechen wird, um dem *alten Degenknopf* seine Braut Auguste vorzustellen; dort wird er sich *so kurz wie möglich fassen, grad das liebt er:*

*„Ich werde ungefähr sagen: Durchlaucht, gukt einmal her, ich bringe Euch hier*

*„„die Rose von Ernstthal!""*

Das war keine bloße Formalität, zu der sich der Rittmeister etwa nur aus Höflichkeitsgründen gegenüber seinem Paten verpflichtet fühlte, sondern dienstliche Obliegenheit: Eheschließungen verlangten das Einverständnis der militärischen Vorgesetzten. Göbern, das noch nebenher, ist kein wirkliches Patenkind des Alten Dessauers, sondern nur eine Erzählfigur Karl Mays.

Dem Leser der *Rose von Ernstthal* fällt sicherlich das ungünstige Licht auf, in das der Sachse Karl May sächsisches Militär und sächsische Politik rückt: Üble Machenschaften der Werber gab es in allen Armeen, aber die *Rekrutenpresse* (eine Kapitelüberschrift der Erzählung), die Zwangsrekrutierung freier Menschen, wird als schändliches Negativum gerade am Beispiel sächsischer *Seelenverkäufer* kritikwürdig dargestellt. Kurfürstliche Politik erscheint als kapitale Dummheit – sie *hat wieder einmal einen unverzeihlichen faux pas begangen,* ... die *unzähligen Beziehungen der verschiedensten Art ... zu Preußen ... nicht in Mitrechnung gebracht* –, und der preußische Sieg bei Kesselsdorf ist dann nicht nur die logische, sondern eine gerade begrüßenswerte Folge: Der Alte Dessauer hat sich *so außerordentlich brav geschlagen.*

Solche antisächsischen Ambitionen sind die Fortsetzung des 1864 beschrittenen Pfades der *Rache* mit anderen Mitteln: Sächsische Polizei- und Justizorgane hatten ihn nach der recht belanglosen Uhrengeschichte mit unerbittlicher Härte – alle Petitionen blieben ohne Erfolg – durch ihr knirschendes Paragraphengetriebe gedreht und um die Freiheit gebracht, sächsische Ministerialbürokratie zerstörte die mühsam errungene Existenzgrundlage. Karl May empfand das lebenslang als bitteres Unrecht; noch 1910 beteuerte er in der Selbstbiographie *Mein Leben und Sterben* seine Unschuld.

Dieses Trauma wird durch die Strafjahre in Zwickau und Waldheim, in denen er freilich nun tatsächlich einige Schuld abzutragen hat, noch verstärkt. Aber hier ist unangemessene Härte im Spiel, die Frage verminderter Schuldfähigkeit aufgrund damaliger schwerer seelischer Depressionen wird überhaupt nicht gestellt. In Zwickau und noch viel abgründiger in Waldheim durchlebt Karl May die Tiefpunkte seines Daseins, er ist zur Züchtlingsnummer degradiert, wird schlimm gedemütigt, menschlich entwürdigt. Zur Entlassung 1874 zählt er 32 Jahre, die Jugend ist vorüber: Es waren sächsische Instanzen, denen er den Weg durch die Hölle und unwiderruflich verlorene Zeit aufrechnen wird.

Seine literarische Rache wird allerdings ebensowenig *fürchterlich* sein oder gar *etwas noch niemals Dagewesenes* provozieren wie die handfesten Aktionen von 1864. Wenn er sich sächsische Obrigkeit vornimmt, dann durch Bloßstellen und Persiflage von Beamten, Richtern, Polizisten, Militärs. Das geschieht an vielen Stellen der Werke auch in verfremdeter Form; stellvertretend für die Sachsen werden osmanische Staatsdiener der Lächerlichkeit preisgegeben. Und wenn Sachsen im Klartext erscheint, dann mit historischem Kostüm. Das Geschehen wird in die Geschichte verlagert, um Repressalien vorzubeugen, aber auch wegen trefflicher historischer Sujet-Angebote. So geschehen beim Start mit der *Rose von Ernstthal* im April 1875, und so mehrfach wiederholt ab September des gleichen Jahres mit dem Sachsenbesieger Leopold I., Fürst von Anhalt-Dessau.

Der Alte Dessauer lebte vom 3. Juli 1676 bis zum 9. April 1747; ab 13. Mai 1698 regierte er das Fürstentum Anhalt-Dessau, das zu den kleinsten deutschen Staaten damaliger Zeit zählte. Karl May widmete ihm neun Humoresken (das Jahr in der Klammer gibt die Handlungszeit an):

1875 *Ein Stücklein vom alten Dessauer* (unbestimmt)
1876 *Unter den Werbern* (1744/45)
1878 *Die drei Feldmarschalls* (1741)
1879 *Der Pflaumendieb* (1727)
1880 *Der Scheerenschleifer* (1707)
1881 *Fürst und Leiermann* (1740/41)
1882 Ein *Fürst-Marschall als Bäcker* (1726)
1883 *Der Amsenhändler* (unbestimmt)
1883 *Pandur und Grenadier* (1742)

Die Humoresken erschienen allesamt in Zeitschriften beziehungsweise Kalendern; fünf der acht Geschichten wurden zum Teil mehrfach, mitunter leicht verändert und auch unter anderem Titel in weiteren Periodika nachgedruckt. Alle derzeit bekannten, zu Mays Lebzeiten edierten Veröffentlichungen haben wir auf der Grundlage von Hainer Plauls „Illustrierten Karl-May-Bibliographie" am Anfang des Literaturverzeichnisses zusammengestellt. Man beachte dabei unter anderem, daß die Nachdrucke des *Amsenhändlers* unter dem Titel *Ein Stücklein vom alten Dessauer* nicht mit der gleichnamigen allerersten Humoreske zu verwechseln sind. Im übrigen ist nicht auszuschließen, daß noch weitere, bis heute unentdeckte Nacheditionen existieren. Alte Zeitschriften könnten noch manche Überraschung offenbaren.

Schaut man die Erscheinungsjahre der Dessauer-Humoresken an, so ist nur eine vor 1876 veröffentlicht worden. Am 3. Juli 1876 feierte man den 200. Geburtstag des Alten Dessauers – für Karl May sicherlich weiterer Anstoß, sich mit dieser Persönlichkeit zu befassen.

Als Quellenmaterial konnte er zahlreiche Bücher verwenden, unter anderem von Carion, Ranfft, Siebigk, Streißler, Varnhagen von Ense und Würdig (siehe Literaturverzeichnis). Die Titel von Streißler und Würdig, die insgesamt zehnbändigen „Biographischen Denkmale" von Varnhagen von Ense und auch das Volksbuch „Der Alte Dessauer" von 1844 standen später in seiner hinterlassenen Bibliothek, was freilich nichts zu den tatsächlich genutzten Quellen besagt. Karl Mays reiche Büchersammlung entstand erst im Laufe der Jahre. Am Anfang des Schaffens war er, schon aus finanziellen Gründen, auf öffentliche Bibliotheken angewiesen. Vergleiche von Texten und Motiven zeigen jedoch, daß er mit Sicherheit das Werk von Varnhagen von Ense und vermutlich auch den Roman von Carion kannte.

Aber Karl May schöpfte nicht nur aus solcher Literatur. Einige Male hielt er sich in Dessau auf, um Quellen zu durchforschen und Lokalkolorit zu atmen. Ob das schon 1875 im Zusammenhang mit der Werbetour für die Zeitschrift „Schacht und Hütte" erfolgte, läßt sich nur vermuten. Hingegen gibt es Belege, daß er 1876 zwei Wochen lang das Stadtbild und in der Herzoglichen Hofkammer Quellenmaterial studiert.

Herzogliche Hofkammer um 1896

Die Hofkammer stand an der Südseite des Großen Marktes, war einst von Leopold I. als Neue Kanzlei erbaut worden und beherbergte seit 1821 die herzogliche Bibliothek. Nach vorheriger Anmeldung konnte Karl May 1876 in diesen Beständen arbeiten. Dabei dürfte er unter anderem das historisch wertvolle Werk von Ranfft aus dem 18. Jahrhundert, die 1860 von Siebigk edierte Selbstbiographie des Alten Dessauers und das soeben erschienene Heft mit dem Beitrag von Witzleben über „Culturgeschichtliches aus dem Leben des Fürsten Leopold von Anhalt-Dessau" gelesen haben.

Das Gebäude fiel den Bomben des zweiten Weltkrieges zum Opfer. Bei den Angriffen verbrannten auch die archivierten alten Benutzungsbücher der Hofkammer. Hinweise zu Mays Aufenthalt an dieser

Stätte sind aber durch einen früheren Leiter der Anhaltischen Landesbibliothek und Bernhard Heese, Dessaus Stadtarchivar bis zu den fünfziger Jahren, überliefert. Hingegen ist nicht mehr feststellbar, in welchen zwei Wochen des Jahres 1876 Karl May in der Stadt weilte – vermutlich aber im Zusamenhang mit den Feierlichkeiten zum 200. Geburtstag des Alten Dessauers im Juli, denn schon ab Anfang September begann die Veröffentlichung der *Humoristischen Episode aus dem Leben des alten Dessauers* mit dem Titel *Unter den Werbern*, die unter dem direkten Einfluß des Dessau-Besuches entstanden sein dürfte und aus der wir ganz am Anfang zitierten.

Das Geschehen beginnt in der Cavalierstraße, erwähnt werden die *„grausam vornehmen" Gasthäuser*, und in einem dieser Etablissements hat Karl May vermutlich logiert – nämlich im Gasthof „Zum Erbprinzen" in der Nähe des Hofheaters, nicht so ganz „grausam vornehm", aber gutbürgerlich; eine Unterkunft, die vorwiegend von Reisenden aufgesucht wurde und preislich dem Geldbeutel des jungen Redakteurs entsprach.

Die Cavalier- oder Kavalierstraße schildert Karl May so, wie er sie 1876 sah, *mit ihren Rasenplätzen und dem unvergleichlichen Blick auf die Johanneskirche*, als *eine der größten Zierden der Stadt*, mit *Ladenfenstern* und eben den *„grausam vornehmen" Gasthäusern.* Dieses schöne Bild von Dessaus einstiger Prachtstraße präsentierte sich so aber noch nicht anno 1744/45, zu jener Zeit also, in der Karl May die Handlung seiner Erzählung ansiedelte.

Der Alte Desauer hatte 1712 den Bau der Straße angeordnet, einem zeitgenössischen Bericht zufolge war sie jedoch zur Mitte des 18. Jahrhunderts noch „nicht sonderlich imposant". Wenn Karl May seine Eindrücke reichliche 130 Jahre zurückverlagert, so aus einem schlichten Irrtum heraus.

Der *unvergleichliche Blick auf die Johanneskirche* (1688/93 erbaut, 1945 ausgebrannt, 1952/53 wieder aufgebaut) war durch perspektivische Verbreiterung der Straße nach Norden hin erst später entstanden, und der eindrucksvollste Bau an der alten Magistrale, das Schauspielhaus mit Konzertsaal, wurde 1798 durch Friedrich Wilhelm von Erdmannsdorff (1736–1800) vollendet.

Auch jenes Hoftheater fiel nach zwei Bränden 1944 den Bomben restlos zum Opfer. Hier wie an den meisten anderen Stellen entstanden völlig neue Gebäude. An die Zeiten von Mays Aufenthalt erinnert lediglich noch der Barockbau des ehemaligen Leopolddank-Stifts, heute Sitz des Museums für Naturkunde und Vorgeschichte. Dieses Anwesen wurde 1746/50 errichtet, 1847 durch den Turm erweitert, 1945 ebenfalls zerstört, aber bereits 1946/47 wieder aufgebaut.

Karl Mays Humoreske *Unter den Werbern* führt den Leser dann in das Lokal von *„Mutter Röse"* in dem *engen, an der Mulde gelegenen Stadt-*

*theile.* Und dort, wo *die dickste und zugleich beste Wirthin des ganzen Anhalt'schen Landes residierte,* gab es zu früherer Zeit in der Schloßstraße, Steinstraße und Wallstraße, die noch heute so heißen, je einen Bierbrauer namens Reese, was der dessauischen mundartlichen Schreibweise von Röse entspricht. Vielleicht hörte Karl May von einer ehedem damit verbundenen Schankwirtschaft und übertrug den Namen ins Hochdeutsche. Denn viele seiner Figuren haben ja bekanntlich einen realen Bezug. Irgendwelche greifbaren Spuren zu jener *„Mutter Röse"* gibt es heute aber nicht mehr.

Kapitel 2 der Erzählung beginnt im prächtigen Dessauer Schloß: *„Der alte Knasterbart", wie der Feldmarschall des heiligen römischen Reiches deutscher Nation und Preußens, Leopold von Anhalt-Dessau, gern von seinen Soldaten genannt wurde, saß in seinem Arbeitszimmer . . .*

Erstaunlich wirkt, daß zum Interieur der fürstlichen Residenz nur wenig gesagt wird, denn auch hier hätte Karl May auf eigene Anschauungen zurückgreifen können:

Gegen ein „Trinkgeld von 2 Mark" durfte 1876 jedermann die in drei Etagen untergebrachte reichhaltige Gemäldesammlung besichtigen; in der „Gipskammer" im Erdgeschoß waren unter anderem Degen, Steinschloßpistole und Stock des Alten Dessauers zu sehen. Solche Gelegenheit wird er sich nicht entgehen lassen haben.

Blick in die „Gipskammer" mit Erinnerungsstücken an den Alten Dessauer.

Dessauer Schloß um 1896

Das ausgebrannte Schloß vor der Sprengung 1957/58

Dessauer Schloß, Muldseite um 1896

Schloßfragment, Zustand 1985

Dieses Schloß, das nebenbei, war nicht in einem Zuge, sondern nach und nach entstanden. Durch Einbeziehung spätgotischer Teile von 1341 errichtete Ludwig Binder von 1530 bis 1533 im Frührenaissancestil den Johannbau als freistehenden Westflügel. Ost- und Südflügel kamen zwischen 1577 und 1583 hinzu, der alte Nordflügel wurde 1710 abgebrochen.

Allein die Umfassungsmauern des Johannbaues überstanden die Bombenangriffe des zweiten Weltkrieges bis heute. Nach der Überdachung 1956/57 nutzte das Landestheater diesen Rest eine Zeitlang als Kulissenhaus. Pläne zum Ausbau kamen nie über das Stadium von Entwürfen hinaus. Die Ruinen des Süd- und Ostflügels wurden 1957/58 abgebrochen, und nunmehr scheint das Schicksal des einst so prachtvollen Schlosses insgesamt besiegelt zu sein. Vor Jahren noch hätten Teile mit relativ geringem Aufwand vor dem totalen Verfall bewahrt werden können.

Heutige traurige Tristheit läßt nichts mehr vom Glanz anno 1876 ahnen. Karl Mays reiche Phantasie wurde jedenfalls einst dadurch angeregt, nun ausgerechnet am Schloß wieder einmal eine seiner noch häufig wiederkehrenden Lieblingsszenen auszumalen: Neuerlich wird ein Pferd – es *hat neunundneunzig Teufel im Leibe* – gebändigt.

Der Held, dem das Kunststück gelingt, der preußische Husarenrittmeister Curt von Platen, ist als verkleideter Reitknecht nach Dessau gekommen, um zu einer Liebschaft *unerkannt die Verhältnisse zu sondiren.*

Wie es der Titel der Humoreske, *Unter den Werbern*, schon ahnen läßt, gerät er in turbulente Ereignisse mit *Seelenverkäufern:* Mitten im Zweiten Schlesischen Krieg rekrutieren kursächsische Werber anhaltische Untertanen für die sächsische Armee; bei dem Bitterfelder Bäcker Wolstraaten haben sie dazu einen geheimen Stützpunkt einrichten können.

Den Alten Dessauer läßt Karl May nun harte Worte sprechen: *Diesen Himmelhunden* will er *die Suppe so versalzen, daß sie die Mäuler von Leipzig bis Merseburg verziehen sollen . . .*
*die Sachsen . . ., die Schurken! . . .*
*von solchem Gelichter . . . übertölpeln zu lassen. . .*

*Mein guter Special, der liebe Herr Minister von Brühl, hat wieder mal 'nen Affen geheckt, der ihn die eigenen Augen kratzen wird.*

Das Ende kommt wie erwartet. Ein *Offizier in der kleidsamen Tracht* der *Ziethenhusaren* nimmt *drei Schritte vor dem Fürsten Stellung* und meldet: *„Fertig mit den Kurfürstlichen, Durchlaucht. Alle gefangen!"*

Ein preußischer Ziethenhusar rapportiert dem Alten Dessauer, und jener Fürst von Anhalt führte die Preußen in der Kesselsdorfer Schlacht zum Sieg – der Regent eines kleinen Fürstentums als *Oberstcommandirender* des großen Kurfürstentums Brandenburg-Preußen im Kampf gegen Österreich und Sachsen, und das alles im Rahmen des noch immer bestehenden Heiligen Römischen Reiches Deutscher Nation?

Welche Rolle spielte eigentlich dieser Alte Dessauer?

Die Geschichte schlägt oft verschlungene Wege ein. Im Falle von Anhalt scheinen sie noch besonders schwer überschaubar zu sein.

Der Name geht auf die Burg Anhalt im unteren Selketal zurück und soll sich, aber das ist umstritten, vom niederdeutschen „ane halt" („ohne Holz") herleiten. Immerhin aber war die Anlage eine für die Verhältnisse anno 1170 ungewöhnliche Steinburg. Hier residierte Bernhard (1140–1212), ein Sohn des Mark Brandenburg-Gründers Albrecht der Bär, der nach dem Tode des Vaters Familienländer erbte, sich als erster Graf von Anhalt nannte und als Stammvater des Herrscherhauses gilt. Im Jahre 1180 wurde er mit weiteren Ländereien belehnt und dadurch auch zum Herzog von Sachsen.

Seinem jüngeren Sohn fiel Sachsen und dem älteren, Heinrich, jenes Stammland zu, das er als selbständiges Territorium und ab 1215 mit dem Titel eines Fürsten von Anhalt regierte. Er starb 1251, hinterließ drei Söhne, die dann die Ascherslebener, ältere Bernburger und Dessau-Zerbster Linie begründeten, letztere teilte sich 1396 neuerlich in zwei Zweige. Und so weiter.

Da in Anhalt bis ins 18. Jahrhundert das Prinzip der Primogenitur – das Erb- und Nachfolgerecht des erstgeborenen Sohnes und seiner männlichen Nachkommen – nicht galt, kam es immer wieder zu Teilungen, aber durch das Aussterben von Linien auch zur Rückgliederung von Landesteilen in die Stammfürstentümer. Erst im Jahre 1863 waren alle anhaltischen Gebiete in einem Herzogtum Anhalt wieder vereinigt.

Dessau wurde 1213 erstmals erwähnt, vermutlich aber schon ein paar Jahrzehnte vorher gegründet, erhielt 1282 das Stadtrecht und war von 1471 bis 1918 Residenz einer Linie des anhaltischen Fürsten –, ab 1807 Herzoghauses. Auch in Aschersleben, Bernburg, im Dörfchen Dornburg bei Zerbst, in Harzgerode, Hoym, Köthen, Mühlingen, Pleß, Plötzkau und Zerbst hatten anhaltische Regenten zeitweise ihren Sitz.

Mit knapp 700 km$^2$ war Anhalt-Dessau zwar das größte anhaltische Territorium, zugleich aber auch eines der kleinsten deutschen Fürstentümer. Die Bindungen solcher Länder zur Wiener Hofburg, dem Sitz des deutschen Kaisers, hatten sich nach dem Dreißigjährigen Krieg weiter gelockert. Dafür suchten sie, einfach aus Überlebensinteresse, engere Anlehnung an größere Territorialstaaten. Für Anhalt-Dessau mit der Elbe als wichtigem Handelsweg und seinem beträchtlichen Aufkommen an Holz und Salz war Brandenburg der natürliche Partner.

Diese Beziehungen wurden noch enger, als Fürst Johann Georg II. von Anhalt-Dessau (1627–1693) im Jahre 1658 in den militärischen Dienst des benachbarten Kurfürstentums trat und 1670 in den neuen

Relief von J. G. Schadow

Fürst Leopold I. von Anhalt-Dessau

Rang eines Generalfeldmarschalls der brandenburgischen Armee befördert wurde. Er schuf das legendäre Infantrieregiment Anhalt-Dessau und erwarb auch kaiserliche Gunst, als er sich 1683 bei der Verteidigung Wiens gegen anstürmende osmanische Truppen auszeichnete.

Für Johann Georg II. war am 3. Juli 1676 ein langersehnter Wunsch in Erfüllung gegangen, als nach einem früh verstorbenen Prinzen und sieben Prinzessinnen in Dessau endlich doch noch ein Erbprinz geboren wurde. Bei der Taufe des kleinen Leopold, des späteren Alten Dessauers, waren der brandenburgische Kurfürst Friedrich III. und der deutsche Kaiser Leopold I. zugegen.

Die Erwartungen, die der Wiener Leopold an den Dessauer Leopold geknüpft haben mochte, erfüllten sich indes nicht. Obwohl er den noch nicht Zwölfjährigen zum Chef eines kaiserlichen Infantrieregimentes ernannte, folgte der anhaltische Prinz den Spuren seines Vaters. Weil das eigene Fürstentum mit seinen 25 000 bis 30 000 Einwohnern nur kleine Freiräume für große Ambitionen bot, trat auch er in brandenburgische Militärdienste, nicht zuletzt deshalb, um seinem Land zusätzlich Finanzmittel zu sichern. Seit 1695 stand er im Rang eines brandenburgischen Generalmajors, wurde weiter befördert, und 1712 avancierte er zum preußischen General-Feldmarschall.

Zu Brandenburg und Preußen scheint hier eine begriffliche Klärung angebracht: Die einstige Mark, das spätere Kurfürstentum Brandenburg hatte sich ab 1440 schrittweise zu einem Bund aus zum Teil weit auseinanderliegenden Ländereien erweitert. Durch Erbvertrag kam 1618 das Herzogtum Preußen – ehemals ein Staat des Deutschen Ritterordens und nahezu identisch mit dem späteren Ostpreußen – hinzu. Der Aufstieg des Staates begann mit dem Großen Kurfürsten Friedrich Wilhelm (1620–1688) und führte 1701 zur Umwandlung in das Königreich Preußen.

In der Schloß- und Stadtkirche St. Marien zu Dessau hatte Fürst Leopold I. am 13. Mai 1698 die Regentschaft in seinem Lande angetreten, und für den ersten Paukenschlag sorgte er noch im September des gleichen Jahres, als er gegen den Widerstand seiner Mutter die Dessauer Apothekerstochter Anna Luise Föhse (1678–1744) heiratete. Zu jener Zeit ein außergewöhnlicher Vorgang, der ihm Sympathien des Volkes und höchsten Unwillen höfischer Kreise einbrachte. Die Überreichung des kaiserlichen Diploms zur deutschen Reichsfürstin ließ dann auch drei Jahre auf sich warten.

Der Ehe entsprossen zehn Kinder; Leopold I. hatte außerdem noch einen „illegitimen" Sohn – Georg Heinrich von Berenhorst –, der sich als Militärtheoretiker einen Namen machte.

In den Humoresken begegnet uns die „Anneliese" einige Male, und Karl May legt dem Alten Dessauer auch die rechten Worte in den Mund: *Die Anneliese war ein hübsches und braves Weibsen, und eine zweite gibts nicht wieder. Ich hätte den Himmel auseinandergerissen, wenn man sie mir nicht endlich doch gelassen hätte.* So im *Feldmarschall als Bäcker.* Oder in *Fürst als Leiermann: Habe auch einen Schatz gehabt, und was für einen! Donnerwetter, sollte ihn nicht bekommen; aber da bin ich mit Händen und Füßen dreingesprungen und habe nicht eher locker gelassen als bis ich ihn hatte.*

Leopold erhielt seine Feuertaufe schon 1695, als er mit brandenburgischen Truppen, die im Bündnis einer größeren europäischen Koalition kämpften, die französische Stadt Namur belagerte. In den ersten Dezennien des 18. Jahrhunderts befehligt er preußische Truppen in allen Kriegen, die das Königreich führt, so im spanischen Erbfolgekrieg (1701–1713) der Allianz England, Niederlande und Habsburg gegen Frankreich um den Thron des spanischen Weltreiches.

Bei allen kriegführenden Mächten stiegen zu jener Zeit die Truppenstärken an. Der vermehrte Personalbedarf führte zum verrufenen Werberunwesen und zog häufige Desertion der Zwangsrekruten nach sich, der man durch enorm verschärfte Disziplin zu begegnen versuchte. In diesem Rahmen führt Leopold ein strenges Exerzierreglement und den Gleichschritt der Infantrie beim Marschieren ein. An Pünktlichkeit und Ordnung legt er unerbittliche Maßstäbe.

Waffentechnisch waren die alten Luntenschloßmusketen durch Steinschloßflinten abgelöst worden. Um die Feuerkraft zu erhöhen, ersetzt Leopold die hölzernen durch eiserne Ladestöcke und geht zum Feuern beim Vormarsch über.

Derartige Neuerungen bleiben aber nicht unumstritten. Das zuerst im Regiment Anhalt-Dessau in Halberstadt praktizierte findet erst allmählich Verbreitung. So wird der schon 1699 bewährte eiserne Ladestock erst 1718 bei der gesamten preußischen Infantrie verbindlich.

Im spanischen Erbfolgekrieg sind mit Leopolds Namen unter anderem der Sieg in der Schlacht bei Höchstedt im August 1704 über französische und bayerische Truppen sowie die verlustreichen Kämpfe bei Cassano in Norditalien verbunden. Beim Einzug in die Stadt begrüßen ihn die Einwohner mit einem Musikstück, das fortan seine Lieblingsmelodie und als „Dessauer Marsch" weltbekannt wird.

Von den verschiedenen Texten sind folgende Verse populär:

So leben wir, ſo leben wir, ſo leben wir alle Tage,
In der allerſchönſten Saufkompagnie!
Des Morgens bei dem Branntewein, des Mittags bei dem Bier,
Des Abends bei den Mädchen vor Hauptmanns Quartier.
So leben wir, ſo leben wir, ſo leben wir alle Tage,
In der allerſchönſten Saufkompagnie!
Die Trommel wird geſchlagen, die Pauke wird gerührt,
Macht euch fertig und marſchirt.

„So leben wir, so leben wir, so leben wir alle Tage ..." *Leider hatte sein musikalisches Talent nur für eine einzige Melodie ausgereicht, nämlich für diejenige des „Dessauer Marsches"*, lesen wir bei Karl May, *eine andere zu erlernen, war rein unmöglich gewesen, und so sang er alle Kirchenlieder rundweg nach dieser tapferen Weise. Dabei kam er natürlich stets in großen Conflict mit der Orgel und dem Gesange der Gemeinde, und er mußte sich sehr wacker halten, um nicht umzuwerfen. Das gab natürlich jeden Sonn- und Feiertag eine eminente Anstrengung seiner Lunge, vor welcher sich jedoch der gewaltige Kriegsheld nicht im Mindesten fürchtete. Und wenn der Organist alle Register zog, um seine Stimme zu übertäuben, und wenn die versammelten Andächtigen noch so laut sangen, um sein „So leben wir, so leben wir" zum Schweigen zu bringen, es gelang doch niemals, denn dann erhob er seinen Baß zu einer dreifachen Stärke; seine Gestalt richtete sich siegreich empor; seine Augen blitzten kampfesmuthig, und seine unwiderstehlichen Töne schmetterten wie die Posaunen von Jericho jeden Widerstand darnieder.*

Das erfahren wir beim *Fürstmarschall als Bäcker*, andere Humoresken, so *Fürst und Leiermann* und *Der Pflaumendieb*, überliefern dasselbe, beim *Amsenhändler* wird gleich zu Beginn der Dessauer Marsch intoniert: *Die Worte „So leben wir" sang er mit seinem dröhnenden Basse und schlug mit dem Rohrstocke den Tact dazu auf dem breiten Rücken des Posaunisten.*

Das anekdotische Verhältnis von Leopold I. zum Dessauer Marsch ist historisch verbürgt – wie auch vieles andere aus Mays Humoresken –, unter anderem durch den unbestechlichen Publizisten Karl August Varnhagen von Ense (1785–1858). Ihm verdanken wir neben vortrefflichen Zeitzeugnissen auch meisterhafte historisch-biographische Werke, vor allem eben jene „Biographischen Denkmale" in 10 Bänden, die ab 1824 erschienen und auf die Karl May in der dritten Auflage (1872/74) zurückgreift. „Es ist ganz gleichgültig, w a s Varnhagen schreibt", bemerkt Gottfried Keller (1819–1890), „er ist immer der gleiche, welcher durch seine Behandlung den Dingen erst ihren Wert verleiht." So auch dem Alten Dessauer mit seinem Dessauer Marsch.

Die in den Geschichtsbüchern fortan mit diesem Marsch verbundene Schlacht bei Cassano hatte von den preußischen Truppen hohen Blutzoll gefordert, fast 28 Prozent ihrer Infantrie waren ausgefallen. Am Berliner Hof herrscht Betroffenheit, Gegner kritisieren das rücksichtslose Vorgehen von Leopold I., aber auch seine schon sprichwörtliche Grobheit im persönlichen Verkehr, und etliche Neider mißgönnen dem 29jährigen die Blitzkarriere, die ihn schon im Jahr vorher mit der Beförderung zum General der Infantrie den zweithöchsten Rang eingebracht hat. Entsprechende Querelen stoppen somit vorerst seine Anläufe auf das preußische Oberkommando. 1707 erwägt er sogar den Übertritt in

Illustration zum *Amsenhändler* aus der Buchausgabe Humoresken und Erzählungen von 1902

kursächsische Dienste, begnügt sich aber dann doch mit Posten in der zweiten Reihe. Ganz sicher setzt er dabei auf die seit 1706 bestehende Freundschaft mit dem Kronprinzen, der dann als Soldatenkönig Friedrich Wilhelm I. von 1713 bis 1740 Preußens Geschicke bestimmt.

In der ins Jahr 1707 gelegten *Originalhumoreske Der Scheerenschleifer* läßt Karl May Leopold und den Kronprinzen gemeinsame Abenteuer durchstehen und auch Komplimente tauschen:

*„Donnerwetter, nehmt Ihr Euch gut aus, Prinz!"*
*„Sapperlot, seid Ihr ein netter Kerl, Fürst!"*
*„Nicht wahr? Ja, man hat auch so seine Meriten! . . ."*

Die in jener Humoresken sichtbaren gegenseitigen Sympathien prägen ganz entscheidend die 27 gemeinsamen Jahre des Dessauer Fürsten mit dem preußischen König. Beide teilen ihre Auffassung über die Rolle des Militärs und den militärischen Drill – die preußische Armee vollzieht nach, was im Infantrieregiment Anhalt-Dessau längst üblich ist –, sie haben gleiche Vorliebe für die „Langen Kerle", sie stimmen in ihren Ansichten zu autoritären Regierungsmethoden überein, die jeden Widerspruch ausschließen.

Nach dem Ende des spanischen Erbfolgekrieges 1713 gibt es nur eine kurze Pause. Schon seit 1701 tobt in Nord- und Osteuropa ein erbitterter Krieg zwischen Rußland, Polen/Sachsen und Dänemark und der schwedischen Großmacht. Das von beiden Seiten umworbene Preußen greift 1715 nach einem mit Zar Peter I. geschlossenen Vertrag in den Nordischen Krieg ein. Unter Leopolds Kommando werden am 15. November die Insel Rügen und am 22. Dezember die Stadt Stralsund erobert: Der Alte Dessauer hat den Schwedenkönig Karl XII. geschlagen, der als einer der berühmtesten Heerführer seiner Zeit galt; bisher noch nie verwundet, gelangt Leopold nun auch in den Nimbus der Unbesiegbarkeit. Der Fürst von Anhalt steht im Zenit seines militärischen Ruhmes, noch zumal jetzt Preußen mit der Angliederung von Vorpommern in wenigen Monaten einen mehr als doppelt so großen Territorialgewinn erzielte als in elf langen Erbfolgekriegsjahren.

Falsch wäre es allerdings, daraus auf eine „Kriegslüsternheit" Leopolds zu schließen. Denn jetzt folgt ein Vierteljahrhundert des Friedens, und als 1740 Friedrich Wilhelm I. stirbt und sich Friedrich II., der Große, anschickt, durch einen Überfall auf Österreich Preußen zur Großmacht zu erheben, warnt der Dessauer Fürst vor solchen Plänen; „ein schlimmes, gefährliches Spiel", erklärt er einem seiner Söhne. So bleibt er dann bei Beginn des Ersten Schlesischen Krieges im Dezember 1740 zunächst in der Reserve, wird schließlich doch mit einem Kommando betraut, hält sich nicht an vorgeschriebene Marschwege, wird gerügt und versetzt, worauf er resigniert und nach Dessau zurückkehrt.

Als dann im Zweiten Schlesischen Krieg die preußischen Truppen in der Oderprovinz in eine fatale Notlage geraten, sieht Friedrich der Große als Ausweg nur den Notruf an Leopold I. Am 12. Dezember 1744 überträgt er ihm in Schweidnitz den Oberbefehl über das preußische Heer, und bereits Ende März 1745 ist die preußische Welt wieder in Ordnung. Unter königlichem Kommando folgen bei Hohenfriedberg und Soor weitere Siege, im Oktober rücken die Regimenter in die Winterquartiere ein.

Hier beginnt zeitlich Mays Humoreske *Unter den Werbern*. Der Alte Dessauer sitzt in seinem Schloß und *monologisiert: „Die Armee cantonniert* (bezieht Unterkunft, C. H.) *bei Schweidnitz, und General du Moulin soll sie mit seinem Cordon an der Grenze schützen. Der König ist nach Berlin gegangen und spielt Flöte, seine Soldaten liegen in ihren Baracken und rauchen Tobak, und Keiner merkt, daß man unterdessen da hinter dem Gebirge einen Trank zusammenbraut, der ganz verteufelt nach Schwefel und Salpeter schmecken wird ...*

*Einen Brief nach den anderen schicke ich nach Berlin, warne, mahne, bitte, drohe, kurz und gut, ziehe alle möglichen Seiten auf – und was ist die Folge? Man antwortet mir nicht einmal, lacht mich vielleicht gar noch dazu aus. Da muß doch gleich ein himmelmiserables Graupelwetter d'reinschlagen, mich auch noch auszulachen! Wenn ich nur ein einziges Wort davon höre, so nehme ich meine zwölf Tausend Buntröcke, marschire auf Berlin und lasse das ganze armselige Nest Spießruthen laufen vom König an bis herunter zum letzten Schusterjungen!*"

Nun, nach Berlin ist er nicht marschiert, sondern auf ganz normalem Wege in Erwartung der bevorstehenden Winterpause am 7. November 1745 eingetroffen. Dort erzählt ihm der König von geheimen Kundschaften, die von einem Angriff Österreichs und Sachsens auf Schlesien und Brandenburg wissen wollen. Leopold hält das ganze für das, was es wahrscheinlich ist, nämlich ein Gerücht, und winkt ab. Von neuen Feldzügen will er nichts hören.

Somit stellt sich der historische Sachverhalt in diesem Falle etwas anders dar als in Mays Schilderung: Nicht Leopold I. malte Teufel und Trank aus Schwefel und Salpeter an die Wand, sondern Friedrich II. Aber davon abgesehen, stimmt alles andere: Zwischen König und Fürst laufen die Meinungen meilenweit auseinander.

„Wo was im Stande wäre Mich hier ins Unglück zu bringen, so wäre es gewiß Euer Liebden Saumseligkeit", klagt Friedrich der Große. Denn der Alte Dessauer, nunmehr bereits im 70. Lebensjahr, ist nicht mehr der draufgängerische Haudegen, aber ein umso klügerer Taktiker und Stratege. Und natürlich ein dem König getreuer General-Feldmarschall. Wenn auch der Befehl strenger als sonst ausfallen muß – er gehorcht der königlichen Order: „Gehen Sie den Sachsen zu Halse." Die merkantile und militärische Großmacht soll zerbrochen werden.

Mit seinen Regimentern marschiert der Alte Dessauer in das Kurfürstentum ein, erobert am 30. November 1745 Leipzig, sichert Verbindungslinien und rückt auf Dresden vor. Am 15. Dezember kommt es zum Sieg in der Kesseldorfer Schlacht. „Jetzt wollen wir einen Stank von uns gehen lassen, daran sie in Sachsen noch lange zu riechen haben", soll er vor Beginn der Kämpfe gerufen haben. Und dann der Befehl an die Sturmtruppen: „In Jesu Namen, Marsch!"

Zehn Tage nach Kesselsdorf beendet der Friede von Dresden den Zweiten Schlesischen Krieg. Der Alte Dessauer zieht sich auf sein Schloß an der Mulde zurück, wo er am 9. April 1747 stirbt.

An Karl Mays Geschichten zu Leopold I. fällt auf, daß keine im Getümmel der Schlachten abläuft. In der ersten – *Die Rose von Ernstthal* – sind lediglich Kunde von Kesselsdorf zu hören und ein Schwadron Reiter zu sehen, der *von einer dreifach überlegenen Anzahl Preußen umstellt* wird. Und erst die zuletzt geschriebene Geschichte – *Pandur und Grenadier* – führt den Leser einmal in die Nähe der Kampfplätze – in das Gebiet zwischen den böhmischen Städtchen Chrudim und Humpoletz auf etwa halber Strecke zwischen Prag und Brünn.

Bei Chotusitz in gleicher Gegend wird am 17. Mai 1742 die letzte Schlacht des Ersten Schlesischen Krieges geschlagen, an der Leopold I.

Für den Feierabend.

Beilage zu No. 13 der „Deutschen Gewerbeschau."

Pandur und Grenadier.

Eine heitere Episode aus ernster Zeit von **Karl May.**

Titelkopf der Erstveröffentlichung von 1883

Franz von der Trenck nach einem zeitgenössischen Stich

allerdings nicht teilnimmt; drei Wochen vorher war er von Friedrich II. wegen abermaliger Differenzen auf den oberschlesischen Nebenkriegsschauplatz versetzt worden. In *Pandur und Grenadier* ist der Alte Dessauer noch in voller böhmischer Aktion, unter anderem durch Turbulenzen mit dem Panduren-Oberst Freiherr Franz von der Trenck. Mays Zeitangabe dazu – *Mitte des Monats Mai im Jahre 1742* – ist geringfügig falsch datiert, aber die Figur des Freiherrn Franz entspricht genau dem historischen Vorbild.

Trenck (1711–1749), von preußischer Herkunft, aber in kaiserlichen, zeitweise auch in russischen Kriegsdiensten, hatte schon ein bewegtes und ausschweifendes Leben hinter sich, als er 1740 mit Erlaubnis von Kaiserin Maria Theresia auf eigene Kosten ein Korps Panduren, zuerst 1000, zuletzt 5000 Mann stark, aufstellte. Hier fanden zahlreiche zwielichtige Gestalten Unterschlupf, es gab „Generalpardon für alle unter diesen befindlichen Räuber"; bei den Kämpfen war das Korps dann immer in der Vorhut. Panduren zeichneten sich durch tollkühne Tapferkeit und gewalttätige Grausamkeit aus. Drohte irgendwo ihre Einquartierung, verbreiteten sich Angst und Schrecken.

*In einem Zimmer seines Quartieres lag der Panduren-Oberst Freiherr Franz von der Trenck auf dem Sopha, dessen Ueberzug er mit den Sporenrädern ganz unbedenklich bereits in Fetzen gerissen hatte,* schildert Karl May. *Auf dem Boden lagen beschmutzte Karten, zerstampfte Schreibfedern, zerbrochene Weingläser, verbogene Löffel und Gabeln, Bruchstücke von Tellern und Tassen, übersäet von Streusand und Tobaksasche, und auf dem Tische, welcher vor dem Sopha stand, sah es beinahe noch chaotischer aus. Die umgeworfenen Schüsseln hatten ihren Inhalt mit dem verschütteten Weine vermischt, so daß die Ueberreste der theuren Mahlzeit in breiten, bunten Streifen am Tafeltuche herabliefen und dann auf die Diele tropften.* Dem Alten Dessauer kann Trenck am Ende noch entkommen, 1746 ereilt ihn aber doch sein Schicksal. Wegen blutiger Brutalität verurteilt ihn ein kaiserliches Gericht zu lebenslanger Haft, die er auf dem Spielberg bei Brünn verbüßt.

Das grausame Treiben von Trenck und seinen Panduren wird von Karl May erwähnt; kommt er ins Detail, bleibt es bei solchen Sofaszenen. Und genau so hält er es in allen Humoresken, wenn es etwa um den sprichwörtlichen Drill durch den Alten Dessauer geht.

Die fast 25 Jahre zwischen Nordischem und Schlesischem Krieg waren militärisch durch den Ausbau des preußischen Heeres und ganz besonders der Infantrie ausgefüllt, durch neue Methoden damaliger Militärwissenschaft, aber eben auch mit entwürdigenden Schindereien und Strafen. Exerziert wurde, schildert Leopolds „illegitimer" Sohn Georg Heinrich von Berenhorst, „vom Sonnenaufgang bis Sonnenuntergang . . . und dabei unmäßig geprügelt." Gründe dafür lieferten schon „angespritzte Wasserflecken an den Stiefeletten, schlecht polierte Rockknöpfe oder Fehlgriffe mit dem Gewehr, eine halbe Terzie zu früh, zu spät, oder auch ein wenig zu matt."

Ausgemalte Bilder hierzu wird man bei May vergeblich suchen, vielleicht weniger wegen seiner Aversion gegen Grausamkeiten schlechthin, sondern mehr mitunter aus einer etwas verklärten Sicht auf den Dessauer – Leopolds übersteigerte Penibelität erscheint als wortgewaltige Persiflage. Im *Fürstmarschall als Bäcker* etwa steht der Feldherr einem Feldwebel gegenüber: *„Alle Wetter, was ist denn das?" Der Fürst trat näher und besah sich den Schnurrbart genau. „Da rechts ist ein Haar schneller gewachsen als die anderen. Es steht ganz gewiß einen Zehntelzoll hervor, und das sieht Er nicht, Er Schwerenöther! Soll ich Ihn Spießruthen laufen lassen? Ich stelle Ihn bei jeder Gelegenheit dem Regimente als Norm und Beispiel hin, und da kommt Er herein, so schlendrig und schlumprig wie ein Kesselflicker! Wenn das noch ein einziges Mal arrivirt, so nehme ich ihm das Porteépée und gebe Ihm dafür drei Monate lang Lattenarrest. Das merke er sich!*

Im *Amsenhändler* gibt es eine ähnliche Szene.

Wenn May das Werbeunwesen mehrfach mit antisächsischen Ambitionen verknüpft und den Alten Dessauer auch gegnerische Werber aus Hannover überlisten läßt, so gibt es doch ebenfalls Szenen, die anhaltische oder preußische Rekrutenpresserei kaum besser wegkommen lassen:

*Die Nebenthür öffnete sich, und die vier Werber traten ein.*

*„Wir haben ihn, Gebt ihm den Hut auf den Kopf und das Aufgeld in die Tasche!" Sie setzten dem Handwerksburschen den Dreispitz auf und steckten ihm einige Münzen zu. Jetzt ließ ihn der Korporal los, entriß ihm aber vorher den Stock . . .*

*„. . . Wir sind Werber im Dienste seiner Durchlaucht, des Herrn Generals der Infantrie Fürst Leopold von Anhalt-Dessau. Du bist jetzt unser, Dein Stock ist mein, und er kommt nur dann erst zur Anwendung, wenn Der beikommen sollte mir Widerstand zu leisten."*

Der Trick mit Dreispitz und Dukaten – wie hier aus dem *Scheerenschleifer* – genügte, um Menschen in die militärische Montur zu pressen. Und besonders gefragt waren Rekruten für die Garde der „Langen Kerle":

*„War der Mensch denn wirklich so excellent?" frug der Kronprinz. Er war wo möglich ein noch größerer Liebhaber großer Soldaten und es ist bekannt, daß er als König trotz seiner oftmals übermäßigen Sparsamkeit bisweilen fünfzehntausend Thaler für einen solchen Mann bezahlte.*

*„Excellent? Geht mit solchem Excellent! Es sagt noch viel zu wenig. Ein Simson ist er . . ."*

*„So müssen wir ihn haben!"*

Abonnementspreis
pro Quartal directe Kreuzband-Sendung
M. 2,
pro Halbjahr bei der Post M. 4.05.
Erscheint alle 14 Tage.

Central-Organ
für die gewerblichen Vereine Deutschlands
unter Mitwirkung hervorragender Fachmänner und Schriftsteller
herausgegeben von Wilhelm Hoffmann in Dresden.

Inserate
die zweigespaltene Zeile oder deren Raum
30 ₰.
Bei Wiederholungen Rabatt.

# Für den Feierabend.

**Beilage zu No. 1 der „Deutschen Gewerbeschau."**

## Ein Fürst-Marschall als Bäcker.

Humoristische Episode aus dem Leben des „alten Dessauers" von **Karl May.**

Zeitschrift und Titelkopf der Erstveröffentlichung von 1882

*„Ja, wir müssen ihn haben, und wenn er in die Mongolei gelaufen wäre!"*

Entsprechen derartige Geschehnisse der historischen Wahrheit, eröffnen Mays Humoresken ebenso einen Blick auf das Wirken von Leopold in seinem Lande, ohne freilich die anhaltische Innenpolitik gründlich auszuloten. So erscheinen die despotischen Herrschaftsmethoden – Ausdruck des Absolutismus jener Zeit – nur als eine Auswirkung charakterlicher Eigenschaften des Alten Dessauers, als Ergebnis seiner unübertrefflichen Grobheit und als Ausstrahlungskraft seiner Persönlichkeit.

Zur Landwirtschaft aber werden die Aussagen genauer. Leopold hatte durch Ankauf der meisten Rittergüter große Domänen geschaffen, deren Verpachtung dem kleinen Land größere Einnahmen sichern sollten. Daß das nicht immer freiwillig ablief, erfährt der Leser aus der Erzählung *Ein Fürst-Marschall als Bäcker*, wenn der Alte Dessauer sagt:

*„. . . Ich wollte sein Gut haben, und er wollte es nicht verkaufen; da zwang ich ihn, es mir für die Taxe zu lassen . . ."*

Großen Augenmerk legte der Landesherr selbstverständlich auf ordentliche Bewirtschaftung. In der Humoreske *Der Pflaumendieb* hört er von argen Zuständen auf einem Gut:

*„. . . Der Wald wird von Tag zu Tag lichter, das Feld magerer, die Wiese gelber, und im Stalle stehen die Pferde und Rinder wie die Gespenster . . ."*

Das ist der Anlaß, sich inkognito von den Zuständen zu überzeugen und den *Hallunken*, der sich noch weiteres zuschulden kommen ließ, zu arretieren.

Mehrfach werden in den Humoresken neue Pächter eingesetzt. Beste Chancen haben verdienstvolle Soldaten, wie etwa bei *Pandur und Grenadier:*

*„Ich habe mir nämlich da im Anhaltischen ein neues, schönes Gut gekauft, zu welchem ich einen tüchtigen Pächter brauche. Den Pächter hätte ich; da sitzt er vor mir, der Feldwebel Steinbach, mein Leibgrenadier, der bei allen meinen Streichen dabei sein muß."*

*„Durchlaucht!" rief Steinbach überrascht.*

*„Halte Er den Mund, Feldwebel, und rede Er erst dann, wenn man Ihn fragt! Also der Pächter wäre gefunden . . ."*

Manche Szenen sind historisch verbürgt, andere hinzu erfunden. Tatsache ist jedenfalls, daß der Alte Dessauer nüchternen Sinn für notwendige Schritte zeigte, um Landwirtschaft und Gewerbe auf ein beachtliches Niveau zu heben. In seiner Zeit entstanden neue Vorwerke und Dörfer, Moraste wurden trockengelegt. Es gab keine verschwenderische Hofhaltung. Unter Leopold I. und seinen Nachfolgern ließen sinnvoll eingesetzte Finanzen die schöne Anhalter Kulturlandschaft wachsen.

„So, hier sitze ich, und nun stellt Euch einmal alle in Reih und Glied hierher!“

„Welcher Hallunke ist denn Schuld, daß Du weinst, he?“

Leopold setzt einen neuen Pächter ein.
Leopold als gütiger Landesvater.
Zwei Illustrationen zur Erstveröffentlichung von *Fürst und Leiermann*

*Ein guter, sparsamer Landesvater,* schreibt Karl May im *Fürst-Marschall als Bäcker, gar nicht so stolz wie andere Fürsten, zwar ein wenig grob und kräftig, aber doch fromm und brav wie nur Einer.*

Die Sparsamkeit wird noch mehrfach erwähnt, nur bei der enormen Eßlust sind keine Schranken gesetzt. (Und wenn Bier getrunken wird, munden das weiland bekannte Zerbster Bitterbier und die Naumburger *Zitzemille* besonders vortrefflich.)

Auch das zu jener Zeit keinesfalls selbstverständliche, in Dessau jedoch ungetrübte Verhältnis zu den jüdischen Mitbürgern klingt an. In der Geschichte *Pandur und Grenadier* gehört zum Personenensemble *einer jener Juden, die aus anderen Ländern vertrieben, von Leopold die Erlaubnis erhalten hatten, sich innerhalb seiner Landesgrenzen niederzulassen. Er hing daher mit großer Dankbarkeit an seinem Fürsten und hätte diesen um keinen Preis an Trenck verraten.*

Diese Politik trug dazu bei, daß bei einer Schätzung für 1758 der jüdische Bevölkerungsanteil in Dessau auf etwa ein Drittel beziffert werden konnte.

Zum überlieferten Bild des Alten Dessauers gehören auch die dubiosen Lese- und Schreibkünste, womit der Fürst zu jener Zeit in seinen Kreisen freilich keine Ausnahme markierte. Varnhagen von Ense und andere Autoren lassen das deutlich werden, Karl May malt das mehrfach breit aus. Beispielsweise in den *Drei Feldmarschalls:*

*Fürst Leopold ... griff nach dem Papiere, trat an das Fenster und studirte eine ganze Weile an den schauderhaften Hieroglyphen herum, die sich seinem Blicke boten. Er war nie ein Freund und Bewunderer der edlen Schreibkunst gewesen, und Meldungen zu lesen oder gar selbst die Feder zu führen, gehörte für ihn zu den größten Strapazen des Erdenlebens. Aber so eine Schrift, wie er sie hier sah, war nach seiner Ansicht gar keine menschliche, war ihm geradezu noch niemals vor die Augen gekommen.*

*„Was ist denn das für ein dummer Wisch, he?" fragte er endlich, „... so eine heillose Sudelei wagt Ihr mir zum Lesen zu geben!"*

Sein Zorn über den *Fetzen* mit dem *schwarzen Schlamm* wächst, bis einer der Offiziere auszusprechen wagt:

*„Durchlaucht, dieses Schriftstück ... ist von Exzellenz ... höchsteigener Hand geschrieben worden."*

Weil der Befehl wegen Unleserlichkeit nicht befolgt wurde, rafft er sich zu *übermenschlicher Geduld* auf: *„... hm, ja, ich bin heute nun einmal ausnahmsweise so unendlich nachsichtig und will annehmen, daß ich gestern nichts geschrieben habe ..."*

Noch mehr in Rage gerät er, wenn ein an ihn gerichteter Brief französische oder lateinische Worte enthält: *„... so ein gelehrter Regenwurm"*, muß das geschrieben haben, *„der sich nur in dem lateinischen*

Leopold als Leiermann auf dem Titelblatt der Ausgabe von 1884.

Illustration aus der Erstveröffentlichung von *Fürst und Leiermann* von 1881.

*Drecke wohl befindet"*, räsoniert er im *Fürst-Marschall als Bäcker. „Den hat so ein Federfuchser verfaßt, der an seinem Latein und Französisch gewiß noch einmal ersticken wird. Da patschen diese Menschen in der fremden Tunke herum, als hätte unsere ehrliche deutsche Sprache nicht Worte genug . . ."*

In keiner Dessauer-Humoreske geht es ohne Verkleidungen ab. Leopold tritt als Bäckergeselle, Leiermann, Scherenschleifer, Pflasterhändler, Bergamtmann, Viehhändler, Wirt, Lieferant und in anderen Masken auf, er läßt sich als Pflaumendieb verhaften und als Handwerksburschen abführen. Unerkannt will er sich, das ist historisch verbürgt, im Lande umschauen, feindliche Werber überlisten oder selbst Rekruten gewinnen. Am Ende erfolgt zwangsläufig die Demaskierung. *Kleinlaut und demüthig* steht der *Pflaumendieb* vor dem Amtmann, wagt ein paar erstaunliche Worte, worauf ihm erwidert wird:

*„Er hält sich wohl gar für den Fürsten, he?"*

*„Nein", donnert da der Gefragte, indem er sich hoch aufrichtete und den alten Rock öffnete, unter welchem eine besternte Uniform sichtbar wurde; „ich halte mich nicht für ihn, sondern ich bin es wirklich, Er Erzschelm und Hallunke!"*

Der als Leierkastenmann verkleidete Leopold ist körperlich allen überlegen.
Ilustration zur Erstveröffentlichung von *Fürst und Leiermann.*

*Die Ueberraschung der Anwesenden und der Schreck des Amtmannes war unbeschreiblich . . .*

Solche Szenen kehren später in Mays Werken unzählige Male wieder. Es ist „Old Shatterhands beliebter Trick", als etwas Geringeres zu gelten und dann für *unbeschreibliches* Aufsehen zu sorgen; und das ist zugleich ein Stück aus der Wunschwelt Karl Mays – aus einem unbeachteten Dasein plötzlich herauszutreten und als strahlender Alleskönner allseitige Bewunderung auf sich zu ziehen.

Deshalb kann es nicht verwundern, daß der Held der Dessauer-Humoresken mit überragenden körperlichen Kräften ausgestattet wird. In *Fürst und Leiermann* faßt einer *den alten Haudegen beim Rocke. . . . Da aber flog derselbe auch schon über die Stube herüber und krachte mit solcher Kraft an die Wand, daß ihm Hören und Sehen verging.* Und natürlich gibt es auch schon den Jagdhieb a la Old Shatterhand, auch wenn ihn in *Pandur und Grenadier* nur ein Soldat aus dem Regiment des Alten Desauers schmettert:

*Er riß ein Pistol hervor, stürzte aber sofort steif wie ein Klotz zur Erde nieder; die gewaltige Faust des Grenadier-Feldwebels hatte ihn an die Schläfe getroffen. Im nächsten Augenblicke lagen auch die beiden Lieutnants am Boden, noch ehe sie ihre Waffen hatten gebrauchen können;*

*dem Unterofficier ging es ebenso, und nur die beiden Panduren entkamen.*

Grenadiere und Offiziere sind in den Humoresken allgegenwärtig, militärische Chargen marschieren durch die Zeilen, und am Ende erfolgt nicht selten die erstrebenswerte Beförderung. Dann ist man etwas, kann endlich die ersehnte Verlobung mit Aussicht auf baldige Heirat feiern. So erscheint das Soldatenleben als durchaus angenehmes Dasein. Das jedoch wirkt, wenn man Karl Mays Ambitionen kennt, zumindest verwunderlich.

Nach der Jahrhundertwende hatten in seinem Schaffen Bekenntnisse zum Frieden und gegen Militarismus ersten Stellenwert erlangt, aber *Gedanken eines Völker-, eines Erdenfriedens* äußerte er schon in den *Geographischen Predigten* 1875/76 und im weiteren Schaffen immer wieder.

Die Dessauer Geschichten stehen dazu in einem gewissen Widerspruch, den Gerhard Klußmeier mit Mays Ausmusterung – die er „zweifellos als ein persönliches Manko empfunden" hat – erklärt.

Karl May war am 6. Dezember 1862 – vermutlich wegen Kurzsichtigkeit – für militäruntauglich befunden worden, wodurch ihm acht Jahre Militärdienst erspart blieben, was er aus der Rückschau späterer Jahre aber durchaus gelegentlich als Ächtung empfunden haben kann – für ihn dann zusätzliche Motivierung, mit dem Dessauer-Sujet Ideen einer literarischen Rache nachzugehen.

Jener Widerspruch zwischen Militärhumoresken und Mays konventionellem Antimilitarismus wird noch zusätzlich innerhalb der Geschichten deutlich. Da liegen in den *Drei Feldmarschalls* Leopolds Truppen an der brandenburgisch-hannoverschen Grenze, um einen gegnerischen Einfall zu verhindern, die aber – *in einer langen Kriegsschule gestählt und abgehärtet, nichts sehnlicher wünschten, als hinüberzustürmen und neuen Ruhm zu dem alten erwerben zu dürfen.* Und im *Pflaumendieb* sagt der Alte Dessauer sogar: „*. . . Wenn der Friede so bleibt, so verfault Alles; ein fröhlicher Krieg ist die Hauptsache, alles Andere aber ist Larifari . . .*"

Solche Sätze sind für May absolut ungewöhnlich, nach einer ähnlichen Passage in den Werken wird man vergeblich suchen. An anderer Stelle (*Unter den Werbern*) läßt May den Fürsten so auch ganz andere Worte sprechen, ja direkt über das Militär räsonieren:

„*. . . Tabak rauchen, Karte spielen, mit dem Säbel raseln, den Verstand vertrinken, einem braven Bürgersmädchen den Kopf verdrehen, Schulden machen, Schlägereien anzetteln, das könnt Ihr alle . . .*"

Auch die Nachteile des Soldatenlebens auf die Privatsphäre werden im *Fürst-Marschall als Bäcker* einmal sichtbar gemacht: *Er war . . . ein freier Mann, und doch durch dienstliche Rücksichten abhängig wie ein Sklave. Die außerordentliche Strenge und Peinlichkeit des damaligen*

**Der Armendoctor.**

Novelle

**von K. Schrattenthal.**

**Die drei Feldmarschalls.**

Eine bisher unbekannte Episode aus dem Leben
des „alten Dessauer“

**von Karl May.**

**Meister Müller und sein Geselle.**

Eine deutsche Geschichte aus alter Zeit

**von K. von Lenhard.**

Druck und Verlag von J. P. Bachem.
Köln am Rhein.

Bachem's Novellen-Sammlung, Band 32, 1888

*Dienstes war es nicht, die ihn verbittern mußte; aber die Gewaltthätigkeit, welche dieser Dienst auch auf seine privaten Verhältnisse auszuüben begann, sie machte ihn mißmuthig ...*

*„Ich hab es satt!" – murmelte er leise vor sich hin. „... Ich sollte ihnen wahrhaftig davonlaufen! Verdammte Erfindung, diese Ehre, die Einem anhängt wie ein Hemmschuh! ..."*

Bittere Einsichten – die aber sogleich wieder relativiert werden: *„Was könnte ich sein und werden, wenn ich beim alten Dessauer wäre!"* Bei dem es um keinen Deut besser zuging – der jedoch zu seinen Soldaten ein patriarchalisches Verhältnis gefunden hatte, mit ihnen Strapazen der Märsche und Gefahren der Kriege teilte, ihnen auch Anteilnahme und Fürsorge zeigte, dadurch, so sein Sohn Berenhorst, in den Ruf „einer sonderbaren Volksgemeinheit" gelangt war, auch „gute Gesinnung durchschimmern" ließ, damit zweifelsohne Popularität genoß – mehr als jeder andere Heerführer seiner Zeit. Und gerade dadurch regte er Literaten zu „Volksbüchern" und zur Gestaltung von Anekdoten an, und nicht zuletzt auch deshalb gehörte ihm Karl Mays ganz besondere Sympathie.

Im Jahre 1883 erscheint mit *Pandur und Grenadier* der Erstdruck der letzten Dessauer-Humoreske, womit sich das Thema für Karl May aber längst nicht erledigt hat. Denn am 16. Oktober 1892 schreibt er seinem Verleger Fehsenfeld vom Plan einer *dreiaktigen Posse ..., deren Hauptheld der alte Dessauer ist. Dieses echt deutsche, zwerchfellerschütternde Stück will ich dem französichen Schund entgegensetzen, der mit seinen Ehebruchsünden und Unwahrscheinlichkeiten alle unsere Bühnen moralisch versumpft. Wir brauchen deutsche Zugstücke und haben keine; ich weiß genau, daß meine Posse rasch über alle Bretter gehen wird. Es wird in diesem Stück geweint und gelacht, meist aber gelacht. Denken Sie sich, der alte Dessauer, der kein Gehör hatte und nur die eine Melodie: „So leben wir usw." singen konnte, kommt, um ein Altfräuleinstift zu inspizieren; da treten die sechs ältesten Demoiselles mit Ziehharmonika, Brummeisen, Cello und Guitarre zu ihm herein, um ihm zu zeigen, was sie in musikalischen Beziehungen leisten ...*

Rasche Fertigstellung der Posse wird angekündigt, läßt aber dann auf sich warten. Anfang 1894 reist May mit Ehefrau Emma für mehrere Tage nach Dessau, ganz offensichtlich mit der Absicht, weitere Studien zu treiben. Sie logieren im seinerzeit vornehmsten Hotel der Stadt, im historischen Gasthaus „Drei Kronen", das als Eckgebäude an der Ostseite des Großen Marktes stand.

Das Prädikat historisch zählt in mehrfacher Hinsicht, denn das 1556 erbaute Haus gehörte zu den ältesten Etablissements. Erster prominenter Gast war Wallenstein, als er im Dreißigjährigen Krieg nach dem Sieg über Ernst von Mansfeld an der Dessauer Elbbrücke hier am 25. Oktober

Historisches Gasthaus „Drei Kronen“ um 1894

Gastraum in den „Drei Kronen“

1626 Quartier bezog. Die Gästebücher mit den Einträgen des Feldherrn wie auch des Schriftstellers sind bei den Bombenangriffen im zweiten Weltkrieg verbrannt.

Historisch gilt auch mit Bedacht auf den Platz vor dem Hotel. Schweifte der Blick aus dem gewölbten Gastzimmer über den Großen Markt, sah man rechts die Herzogliche Hofkammer, hinter der das Schloß lag, und linkerhand standen die als „Buden" bezeichneten Arkadenbauten – davor das Denkmal des Alten Dessauers und dahinter die Marienkirche. Viermal wöchentlich zur Mittagsstunde fand vor dem Schloß die Wachtparade mit dem Dessauer Marsch als Auftakt statt.

Großer Markt mit Blick auf das Gasthaus „Drei Kronen" (helles Gebäude)

Von Kustos Lattolf läßt sich Karl May in die fürstliche Gruft unter der Marienkirche an den Sarkophag von Leopold I. führen und exakt die Stelle zeigen, wo einst Napoleon im stillen Gedenken verweilte.

Das Gästebuch von St. Marien mit Mays Eintrag ist 1945 ebenfalls verbrannt, und von der spätmittelalterlichen Backsteinkirche (erbaut zwischen 1505 und 1523) sind nur die Umfassungsmauern verblieben. Nach der Turmsicherung im Jahre 1952 wartet die Ruine noch immer auf die Anfänge einer neuen Gestaltung. Die Gruft wurde nach grabschänderischen Beschädigungen in den siebziger Jahren zugemauert.

An Mays Aufenthalt an dieser historischen Stätte in Dessau erinnert im nahezu alten Glanz nur noch das Denkmal von Leopold I.

Nach einer von Johann Gottfried Schadow um 1800 gestalteten Marmorstatue (heute im Berliner Bode-Museum) hatte der Bildhauer August Kiss 1858 zwei Bronzeabgüsse geschaffen, die 1860 am Berliner Wilhelmplatz und am Dessauer Großen Markt aufgestellt wurden. Das Denkmal in der Hauptstadt, 1944 beschädigt, dann ausgelagert und restauriert,

Sarkophag des Alten Dessauers

steht seit Februar 1987 im Lustgarten. Dessaus Alter Dessauer blieb im Krieg unbeschädigt, sollte aber danach eingeschmolzen werden. Patrioten der Stadt retteten und versteckten das Denkmal, bis es 1971 auf einem neuen Sandsteinsockel einen Platz im Ehrenhof von Schloß Mosigkau finden konnte. Im Mai 1988 kehrte Leopold auf seinen alten Sockel an annähernd der gleichen Stelle wie früher zurück.

Das 1860 aufgestellte Denkmal des Fürsten Leopold I.

Mays Vorhaben zum *zwerchfellerschütternden Stück* kommt nach der Dessau-Visite von 1894 nicht zu Papier, und 1898 bricht er zu einer neuerlichen Studienfahrt ins Anhaltische auf. Belegt ist dieser Besuch unter anderem durch eine Ansichtskarte vom 30. April 1898. *Vom Geburtstagsfest des Herzogs von Dessau* werden Bekannte gegrüßt. *In diesem Schlosse*, schreibt May zum Bild auf der Karte, *wohnt ein sehr lieber Gönner von mir.*

Gemeint ist Herzog Friedrich I., geboren am 29. April 1831 und Landesvater von 1871 bis 1904. Ob Karl May tatsächlich an der herzoglichen Geburtstagstafel mit feierte oder zu jener Zeit, da seine Old Shatterhand-Legende blühte, nur ein wenig renommierte, wissen wir nicht.

Verleger Fehsenfeld bekam am 19. Mai 1898 mitgeteilt: *Da ich einmal nach Dessau mußte (der Herzog und die Herzogin sind begeisterte Leser), so benutzte ich das, um gleich weiterzufahren und wegen meines nächst erscheinenden Theaterstückes in Gartow, Lüchow, Lenzen Studien zu machen.* Am 30. April oder unmittelbar danach fährt Karl May per

Das Denkmal im Jahr 1990

Herzog Friedrich I.

Bahn von Dessau über Salzwedel nach Lüchow und von da mit Kutsche nach Gartow. Dort quartiert er sich bis zum 7. Mai im Hotel Krug, Hauptstraße 15, ein.

Heute empfängt das Haus keine Logiergäste mehr; es beherbergt eine Informationsstelle des Bundes zur nuklearen Entsorgung. Über der Tür aber erinnert eine geschnitzte Tafel: „Hier weilte Karl May April/ Mai 1898".

In der Gegend um Gartow hält sich May 1898 zum ersten Male auf. Aber schon rund zwei Jahrzehnte vorher hatte er hier für vier Dessauer-Humoresken Schauplätze ausgewählt (*Die drei Feldmarschalls, Fürst und Leiermann, Ein Fürst-Marschall als Bäcker, Der Amsenhändler*). Ein Blick auf die historische Landkarte macht das verständlich: Das Grenzgebiet an der Unterelbe, wo sich zwei Zipfel der Königreiche Preußen und Hannover ineinanderschoben, war als Hintergrund für das Treiben der Werber auf fremden Territorium besonders geeignet.

Jetzt unternimmt Karl May zahlreiche Kutschfahrten in die Umgebung, besucht die schon beschriebenen Orte und muß manches ein wenig korrigieren. So wird er beispielsweise in Lenzen vergeblich nach einem Gasthof „*Zum Mecklenburger*" – Stätte des Finales von *Ein Fürst-Marschall als Bäcker* – Ausschau gehalten haben: In der preußischen Westprignitz, so versichern Kenner der Heimatgeschichte, wäre es undenkbar

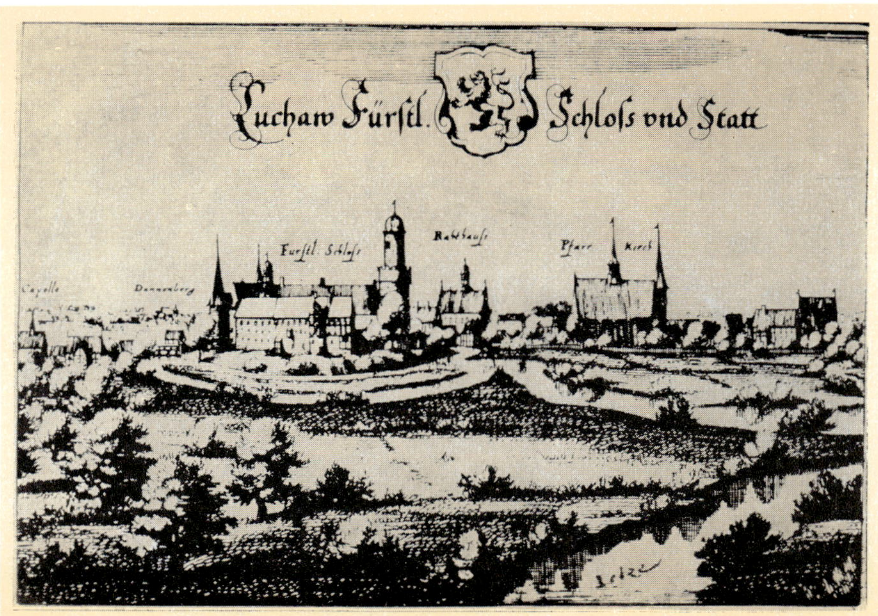


Im *Fürst-Marschall als Bäcker* führt die Handlung auch ins Schloß Lüchow. Hier ein alter Stich von Merian.

Ausgabe des Karl-May-Verlages, Radebeul 1921

gewesen, jemals ein Lokal mit Bezug auf das benachbarte Mecklenburg zu benennen. Kein Einheimischer wäre dort eingekehrt. Auch die Schankwirtschaft „*Blauer Stern*" aus den *Drei Feldmarschalls* gab es nie in Lenzen, wohl aber einen „Goldenen Stern" (Seetorstraße 33); im einstigen vornehmen Gasthaus befindet sich heute ein Geschäft.

In Gartow, Lenzen und anderenorts machte May, wie er an Fehsenfeld schrieb, seine *Studien . . . Dabei zeichnete ich Wege, den Lauf der Elbe, und wurde, wie schon erwähnt, als franz. Spion arretirt . . . Darüber allgemeine Entrüstung in den Blättern.*

Recherchen in der Lokalpresse jener Tage erbrachten keine Belege zur Verhaftung eines vermeintlichen Spions und nachfolgende Entrüstung, durch den Gartower Lehrer Friedrich Hinnrichs, der damals Mays Bekanntschaft machte, und weitere Zeitzeugen ist aber tatsächlich ein kurzer Hausarrest überliefert.

Im weiland noch hinterwäldischen Gartow erregt Karl May beträchtliches Aufsehen. Am abendlichen Stammtisch fabuliert er von lebensgefährlichen Löwenjagden und einer Wunderwaffe, die jeder Besucher fallen läßt, weil sie ihm zu schwer ist. Rasch spricht es sich herum, daß er einem Mädchen 100 Mark schenkte und einen Stallknecht für die Auskunft nach dem Pinkulatorium mit einem 20-Mark-Goldstück belohnte. Das weckt die Aufmerksamkeit der Polizei; am frühen Morgen stehen zwei Wachtmeister vor seinem Bett. Sie schauen Papiere und Scheckbuch an und stellen zahllose Fragen und verfügen, daß er das Hotel nicht mehr verlassen darf.

Stunden später trifft aus Radebeul die telegrafische Antwort auf die Polizeidepesche ein: „Karl May hier wohnhaft übt sehr gern Wohltätigkeit."

Das genügt den Ordnungshütern, der Schriftsteller ist wieder frei; das genügt aber auch ihm, denn er bricht seine Zelte in Gartow ab – und legt auch das Thema Alter Dessauer endgültig zu den Akten.

Vermutlich weckten obrigkeitliche Observation und amtliche Arretierung so böse Erinnerungen an vergangene Zeiten, daß ihm alles verleidet war. Zur Rückkehr zum Alten Dessauer und zum Plan mit der Posse wird er auch nicht mehr inspiriert, als eine „alte Dessauerin" sein Leben entscheidend beeinflußt.

Daß Karl Mays Beschäftigung mit dem Alten Dessauer im breiten Leserbewußtsein blieb, ist wesentlich auf den seit 1921 im Karl-May-Verlag edierten Band „Der alte Dessauer" zurückzuführen. Durch wertvolle Reprintausgaben der Karl-May-Gesellschaft wurden 1974, 1980 und 1986 auch die Erstdrucke aus den alten Zeitschriften wieder zugänglich gemacht; diese Faksimilesammlungen liefern zudem ausführliche Kommentare zu historischem Hintergrund, Entstehung und Interpretation. Der in Radebeul, ab 1968 in Bamberg, später textgleich auch im Ver-

Ausgabe des Karl-May-Verlages, Bamberg 1968

Ausgaben des Verlages Ueberreuter, Wien, von 1986 und 1989 (gleicher Text wie Bamberger Ausgabe)

KARL MAY
Der alte Dessauer
UEBERREUTER

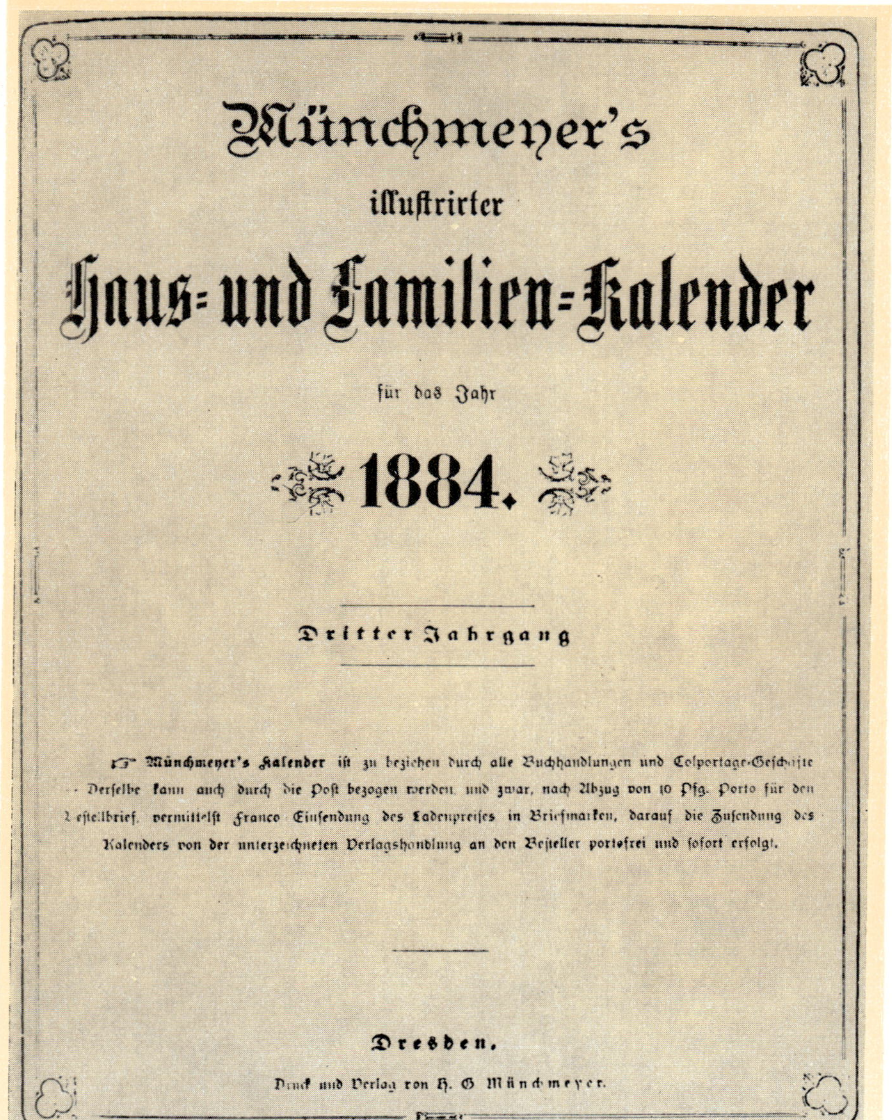
Münchmeyer's

illustrirter

Haus- und Familien-Kalender

für das Jahr

1884.

Dritter Jahrgang

☞ **Münchmeyer's Kalender** ist zu beziehen durch alle Buchhandlungen und Colportage-Geschäfte. Derselbe kann auch durch die Post bezogen werden, und zwar, nach Abzug von 10 Pfg. Porto für den Bestellbrief, vermittelst franco Einsendung des Ladenpreises in Briefmarken, darauf die Zusendung des Kalenders von der unterzeichneten Verlagshandlung an den Besteller portofrei und sofort erfolgt.

Dresden.

Druck und Verlag von H. G. Münchmeyer.

In diesem Kalender (Auslieferung 1883) erschien *Der Amsenhändler*

lag Ueberreuter Wien/Heidelberg herausgegebene Titel „Der alte Dessauer" enthält sieben der neun Humoresken; es fehlen Mays erste Geschichte von 1875 *Ein Stücklein vom alten Dessauer* und *Der Amsenhändler* aus dem Jahre 1883. Beide Texte bringen wir im Original nach der Erstveröffentlichung am Ende des Buches. Das *Stücklein . . .* wurde seinerzeit vermutlich nicht in den Sammelband aufgenommen, weil Karl May

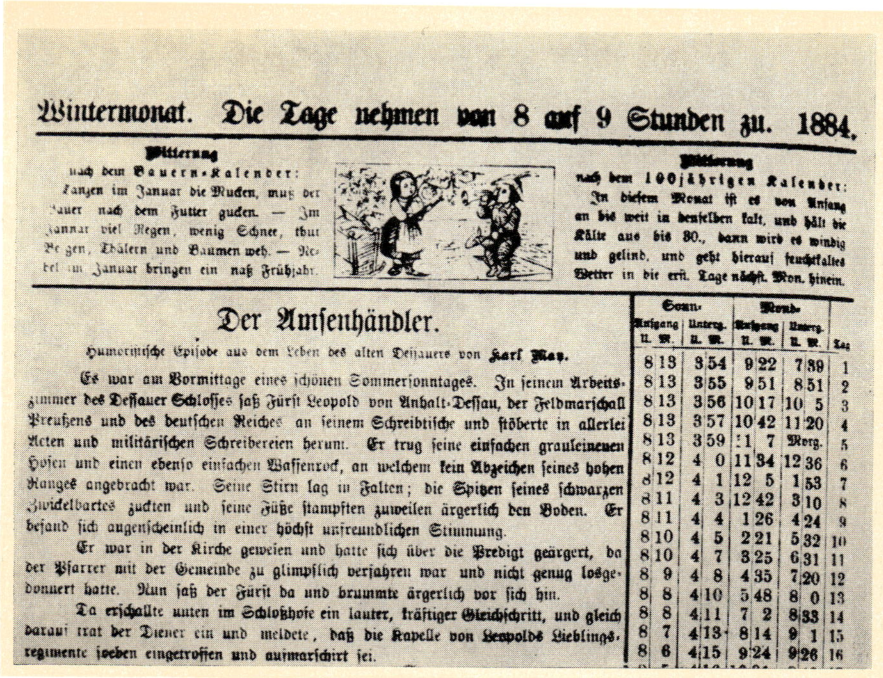

Wintermonat. Die Tage nehmen von 8 auf 9 Stunden zu. 1884.

**Witterung**
nach dem Bauern-Kalender:
Tanzen im Januar die Mucken, muß der Bauer nach dem Futter gucken. — Im Januar viel Regen, wenig Schnee, thut Bergen, Thälern und Baumen weh. — Nebel im Januar bringen ein naß Frühjahr.

**Witterung**
nach dem 100jährigen Kalender:
In diesem Monat ist es von Anfang an bis weit in denselben kalt, und hält die Kälte aus bis 30., dann wird es windig und gelind, und geht hierauf feuchtkaltes Wetter in die erst. Tage nächst. Mon. hinein.

## Der Amsenhändler.

Humoristische Episode aus dem Leben des alten Dessauers von **Karl May.**

Es war am Vormittage eines schönen Sommersonntages. In seinem Arbeitszimmer des Dessauer Schlosses saß Fürst Leopold von Anhalt-Dessau, der Feldmarschall Preußens und des deutschen Reiches an seinem Schreibtische und stöberte in allerlei Acten und militärischen Schreibereien herum. Er trug seine einfachen grauleinenen Hosen und einen ebenso einfachen Waffenrock, an welchem kein Abzeichen seines hohen Ranges angebracht war. Seine Stirn lag in Falten; die Spitzen seines schwarzen Zwickelbartes zuckten und seine Füße stampften zuweilen ärgerlich den Boden. Er befand sich augenscheinlich in einer höchst unfreundlichen Stimmung.

Er war in der Kirche gewesen und hatte sich über die Predigt geärgert, da der Pfarrer mit der Gemeinde zu glimpflich verfahren war und nicht genug losgedonnert hatte. Nun saß der Fürst da und brummte ärgerlich vor sich hin.

Da erschallte unten im Schloßhofe ein lauter, kräftiger Gleichschritt, und gleich darauf trat der Diener ein und meldete, daß die Kapelle von Leopolds Lieblingsregimente soeben eingetroffen und aufmarschirt sei.

| Sonn- | | | | Mond- | | | | |
|---|---|---|---|---|---|---|---|---|
| Aufgang | | Unterg. | | Aufgang | | Unterg. | | |
| U. | M. | U. | M. | U. | M. | U. | M. | Tag |
| 8 | 13 | 3 | 54 | 9 | 22 | 7 | 39 | 1 |
| 8 | 13 | 3 | 55 | 9 | 51 | 8 | 51 | 2 |
| 8 | 13 | 3 | 56 | 10 | 17 | 10 | 5 | 3 |
| 8 | 13 | 3 | 57 | 10 | 42 | 11 | 20 | 4 |
| 8 | 13 | 3 | 59 | 11 | 7 | Morg. | | 5 |
| 8 | 12 | 4 | 0 | 11 | 34 | 12 | 36 | 6 |
| 8 | 12 | 4 | 1 | 12 | 5 | 1 | 53 | 7 |
| 8 | 11 | 4 | 3 | 12 | 42 | 3 | 10 | 8 |
| 8 | 11 | 4 | 4 | 1 | 26 | 4 | 24 | 9 |
| 8 | 10 | 4 | 5 | 2 | 21 | 5 | 32 | 10 |
| 8 | 10 | 4 | 7 | 3 | 25 | 6 | 31 | 11 |
| 8 | 9 | 4 | 8 | 4 | 35 | 7 | 20 | 12 |
| 8 | 8 | 4 | 10 | 5 | 48 | 8 | 0 | 13 |
| 8 | 8 | 4 | 11 | 7 | 2 | 8 | 33 | 14 |
| 8 | 7 | 4 | 13 | 8 | 14 | 9 | 1 | 15 |
| 8 | 6 | 4 | 15 | 9 | 24 | 9 | 26 | 16 |

Der Anfang der Erstveröffentlichung

diese Fassung – unter Hinzunahme umfangreicher neuer Handlungen – in den *Pflaumendieb* einarbeitete.

Die Bamberger und die Wiener Ausgabe schließen mit einem informativen Nachwort ab, in der Bamberger Fassung wird zudem noch der Beitrag von Hinnrichs aus dem Karl-May-Jahrbuch 1924 nachgedruckt.

Die Texte entsprechen in etlichen Passagen nicht der Mayschen Originalfassung. Am stärksten bearbeitet wurde *Der Pflaumendieb*, beispielsweise durch Streichung einer ganzen Episode und Ersetzung durch eine Teilhandlung aus dem *Amsenhändler*. Verschwunden sind auch solche Passagen, bei denen May hart mit Jesuiten umgeht, sie etwa als *saubere Bande* bezeichnet, die *sich die Haut mit Frömmigkeit beschmiert, während das Herz voll Dreck, Schlamm und Sünde ist*, und die *sich jetzt im Lande breit machen wie die Kohlraupen*. Aus *jesuitischen Spionen* werden „verwandtschaftliche Spione“ oder gar nur „fremde Leute“.

Weitere Bearbeitungen führten zum Kürzen von Dialogen, Eindeutschen von Fremdwörtern und zum Ändern von Personen. So wurde in *Drei Feldmarschalls* aus dem Wirt *Fährmann* ein Wirt Döring, in *Pandur und Grenadier* war bei vielen Auflagen der Vater des Freiherrn von der Trenck vom *Oberstlieutenant* zum Oberleutnant degradiert worden. Aus dem *Scheerenschleifer* verschwand ein hübscher kleiner Dialog, in dem die *Witwe Jungfer Zeißig* jenen Widerspruch beider Begriffe aufklärt:

*„. . . Aber sage Sie einmal: Sie hat einen Mann gehabt und wird doch Jungfer genannt?"*

*„Jungfer Zeißig, geborene Linde", ergänzte sie stolz.*

*„Gut. Aber wie reimt sich das zusammen?"*

*Sie erröthete züchtig und schlug abermals die Augen verschämt zu Boden.*

*„Weil ich – weil ich noch – noch eine Jungfer bin."*

*„Ah!"*

*„Ja. Ich kann es Euch beschwören, mein Seliger war damals viel älter als ich. Er war ein Seiler und – und gab sich lieber mit seinen Stricken ab als mit mir." . . .*

Die Humoreske *Ein Fürst-Marschall als Bäcker* beginnt in der Originalfassung mit langen Wortspielereien zu den Schreib- und Lesekünsten des Alten Dessauers. Ein *Feldprediger* soll seine Probe ablegen, das unleserliche Wort wird als *Goldgraupner* entziffert, aufgeregt geht es hin und her, dann will ihm der Fürst *„. . . dieses Wort vorbuchstabieren. Passe Er auf!"* Danach fragt er:*„Versteht Er mich, Er Goldprediger oder Feldgraupner Er?"*

*„Excellenz, kein Mensch konnte vermuthen, daß – – –"*

*„Daß er nicht lesen kann! Da hat er sehr Recht! . . ."*

Das schöne Wortgefecht schrumpfte in der Bearbeitung zu wenigen, gänzlich neuen Zeilen; auf einer Urkunde wird ein „fähiger Offizier" als „f e i g e r Offizier" bezeichnet.

*Der Pflaumendieb*, dies noch als Kuriosum, enthält einen Fehler, der sich seit der Erstveröffentlichung im Jahre 1879 durch alle Drucke bis heute hinschleppt und zur falschen Datierung der Handlungszeit in das Jahr 1739 führte.

In der Humoreske gibt es einen Brief des Prinzen Eugen von Savoyen, geschrieben *anno domini 1739*, und *aus Knaben beliebter Bürger eine Kompanie*, eine Art Kadetten, die Spaß am Exerzieren finden. Prinz Eugen aber starb schon 1736, und die „Knabenkompagnie" erwähnt Varnhagen von Ense für das Jahr 1727. Diesen Sachverhalt, vermutlich auf einen Satzfehler zurückgehend, spürte erst unlängst der Karl-May-Forscher Hartmut Kühne auf. Weder Karl May noch einer seiner Verleger haben diesen Widerspruch je bemerkt.

## Klara May geb. Beibler verw. gew. Plöhn

Wenn wir von Klara May als einer „alten Dessauerin" schreiben, so ist alt im Sinne von alteingesessen zu lesen. Denn zumindest zwei ihrer Vorfahren haben in der Stadt Spuren hinterlassen, die heute älter als zwei Jahrhunderte sind; die Namen dieser Ahnen wurden in fürstlichen, herzoglichen und anderen Dienstkladden geführt.

Der Großvater Johann Ephraim Gotthelf Beibler (20. April 1760–30. Oktober 1829), geboren und gestorben zu Dessau, gehörte zunächst zur Garde der Schloßsoldaten. Viermal in jeder Woche marschierte er zur Wachtparade über den Großen Markt. Doch schon bald betrachtete er alles von oben: Er übernahm den Posten des Türmers auf der Schloßkirche St. Marien.

Pünktlich zur Mittagsstunde mußte er die zwölf Glockenschläge läuten, dann konnte er das zackige Zeremoniell seiner einstigen Kameraden verfolgen. Von den Fenstern der Türmerwohnung aus erlebte er 1807 die

Stadt- und Schloßkirche St. Marien um 1930

Die Ruine im Jahre 1988

feierliche Inthronisation des Fürsten Leopold III. Friedrich Franz (Regierungszeit 1740–1817) als Herzog von Anhalt-Dessau. Schon im Jahr zuvor wurde er Zeuge der Ankunft Napoleons vor dem Dessauer Schloß, er sah den erzwungenen Abmarsch der anhaltischen Truppenkontingente der Rheinbundarmee, die Ankunft der Schillschen Reiter und den Aufbruch Dessauer Soldaten, die dann an der Seite der Alliierten in der Leipziger Völkerschlacht für Deutschlands Befreiung kämpften. Im letzten Abschnitt des fast fünfzigjährigen Türmerdienstes wurde Ephraim Beibler noch Zeuge von Ereignissen der Regentschaft des Herzogs Leopold IV. Friedrich (1817–1871), die jetzt freilich weniger aufregend waren.

Folgt man nun Klara May, dann war ihr Vater Johann Ludwig Heinrich Beibler (4. Oktober 1789–25. März 1880), geboren in Dessau, gestorben in Jonitz, nicht mehr nur Zeuge, sondern schon beinahe Mitgestalter der Politik von Anhalt-Dessau. Unter anderem sei er Verwaltungsbeamter eines mit ihm befreundeten Fürsten Lenar gewesen, schrieb sie, außerdem Kastellan des Schlosses und Helfer eines jungen Sekretärs. Auch habe er selbst ein Sekretariat geleitet, es aber auf Bitten eines alten Rates „zugunsten eines jungen Juristen" abgetreten. Und bereits vor all dem habe er einmal den erkrankten Amtsrat Thorsbecken kurzzeitig vertreten sollen, „allmählich alle Arbeiten für die Amalienstiftung übertragen" bekommen, woraus dann eine Tätigkeit von über 50 Jahren erwachsen sei.

Das alles klingt etwas verwirrend, und ganz offensichtlich wurde bei diesen Berichten ziemlich geflunkert. Denn alte Akten vermelden zur Tätigkeit von Heinrich Beibler kurz und bündig: „Schloßbediensteter, später Kastellan der Amalienstiftung".

Über den Rang in der Reihe der Schloßdiener ist Näheres nicht überliefert, Schloßkastellan oder gar Sekretariatsleiter war Vater Beibler aber zu keiner Zeit, in besagter Amalienstiftung jedoch arbeitete er tatsächlich ein reichliches halbes Jahrhundert als Hausmeister.

Zu dieser Einrichtung und ihren Anlagen machen sich ein paar Bemerkungen erforderlich, weil sie eine bedeutsame Vorgeschichte haben und Klara May in einem historisch bemerkenswerten Gebäude geboren wurde.

Der erwähnte Fürst Leopold III. Friedrich Franz, wider seinen Willen in napoleonische Kriegspolitik hineingezogen, sah im Wohl seines Landes und der Menschen sein vornehmstes Ziel. 1771 beruft Vater Franz den Pädagogen Johann Bernhard Basedow (1724–1790) nach Dessau einen führenden Philanthropen, der in mehreren Schriften schulreformatorische Ideen propagiert hatte. Drei Jahre später wird in der Stadt das „Philanthropinum", eine „Schule der Menschenfreundschaft", für Kinder aus allen Ständen eröffnet. Sie sollen für die tatsächlichen Bedürfnisse des Lebens erzogen werden, lernen moderne statt alter Fremdsprachen, erhalten Unterricht in Naturwissenschaften, kaufmännischem Rechnen, angewandter Mathematik, deutscher Sprache und Nationalliteratur, Sport und anderen nützlichen Dingen. Es ist die erste deutsche staatliche Schule, die den Kindern das vermittelt, was sie später wirklich einmal brauchen.

Außer Basedow wirken weitere berühmte Lehrer an dieser Institution, beispielsweise Joachim Heinrich Campe (1746–1818). So „nebenbei" schreibt er 1779 in Dessau das Buch „Robinson der Jüngere", das zu einem Klassiker der Jugendliteratur wird; allein bis 1875 registrierte man 90 Auflagen und insgesamt Übersetzungen in mehr als zehn Sprachen.

Bereits vor Ablauf eines Jahres verläßt Campe wieder diese Stadt, andere Kollegen bleiben kaum länger, denn die Arbeit mit Basedow ist ein Greuel: Der Mann mit den großen Ideen offenbart ein noch größeres cholerisches Temperament, er ist mehr Agitator als Organisator, gibt sich streitsüchtig und herrisch. Schon 1778 legt er das erst 1774 angetretene Dikrektorat nieder, schurigelt dann seinen Nachfolger Campe durch ständiges Hineindirigieren, scheidet 1780 gänzlich aus. Aber auch danach gibt es laufende Querelen in der Leitung, sodaß 1793 das Philanthropinum seine Pforten schließt. Für Dessau ein bedauerlicher Vorgang, denn die Anstalt war spätestens seit den achtziger Jahren europaweit bekannt, zog Zöglinge aus zahlreichen Ländern an und hatte noch zur Zeit ihrer Existenz zur Gründung von über 60 weiteren Philanthropinen angeregt.

Fürst Leopold III. Friedrich Franz stellte der Schule 1777 das wenige Jahrzehnte vorher als Wohnsitz eines Sohnes des Alten Dessauers erbaute Dittrich-Palais in der Zerbster Straße 35 zur Verfügung. Am noch existierenden, in jüngerer Zeit arg verfallenen Bauwerk wurde zur Zeit der Niederschrift dieser Zeilen gearbeitet, um einstigen Glanz wieder erstrahlen zu lassen.

Im großen Garten hinter dem Dittrich-Palais hatte jeder Zögling ein Beet zu bestellen, hier wurde geturnt und Gymnastik betrieben. Besondere Attraktion war eine mächtige abgeflachte Halbkugel aus Erde – so groß, daß man sie betreten und durch die mit Grasbewuchs dargestellten Länder laufen konnte.

Teile der Südseite des Gartens flankierte an der Poststraße ein einstöckiges Gebäude. Hier gab es neben dem philanthropischen Betsaal ein paar Wohnräume und eine kleine Gemäldegalerie. Der zugehörige Turm beherbergte ein Observatorium für astronomische Beobachtungen und Unterweisungen der Schüler.

Die Anlagen und Gebäude des 1793 geschlossenen Philanthropinums wurden vom gleichen Jahre an durch die Amalienstiftung genutzt. Amalie Henriette (1720–1793), Prinzessin von Anhalt-Dessau und Tochter des Alten Dessauers, war nach einem „Fehltritt" jahrzehntelang vom Hof ver-

Betsaalgebäude der Amalienstiftung – Geburtshaus von Klara May (Zustand bis 1926)

bannt gewesen und hatte nach ihrer Rückkehr jene Armenanstalt für Leidensgefährtinnen und alte Frauen gegründet.

Bekannter als durch das eigentliche Anliegen wurde die Amalienstiftung aber durch die im oberen Stock des einstigen Dittrich-Palais präsentierte Gemäldesammlung. Rund 600 Kunstwerke lieferten einen trefflichen Einblick in Schaffensperioden des 18. Jahrhunderts. Aber auch Werke von Anton van Dyck (1599–1641) und Franz Hals (um 1580–1666) zählten zu den herausragenden Exponaten.

Der Kastellan des Amalienstiftes wohnte in einigen Räumen des ehemaligen Betsaalgebäudes. Hier erblickt Klara May geborene Beibler am 4. Juli 1864 das Licht der Welt.

Vom Geburtshaus sind heute hier nur noch wenige Reste vorhanden. 1926 erfolgt durch den Architekten Kurt Elster der Umbau zu einem zweigeschossigen Sparkassengebäude. Der Betsaal wird abgebrochen, der Turm aber auf doppelte Höhe vergrößert. Beim Bombardement am 7. März 1945 sinkt das Haus in Schutt und Asche. Nur der Turm bleibt verschont und wird 1952 in den Neubau einbezogen. An die Zeiten von Klara May erinnert somit nur noch die untere Hälfte des Turmes am Gebäude in der Poststraße.

Zu ihrer Geburt ist der Vater bereits mehr als 35 Jahre als Kastellan tätig. 1814 hat er die drei Jahre ältere Caroline Preisigke (1786–1850) geheiratet. Zwei Kinder aus dieser Ehe starben an Grippe und Lungen-

Nach dem Umbau zur Sparkasse 1926

Das Gebäude links im Jahre 1973

entzündung, ab 1850 lebt er vierzehn Jahre als Witwer. „Seine Freunde", schildert Klara May, „rieten ihm zu einer zweiten Heirat, zumal sie ein frisches, nettes Mädchen vom Lande, Minchen Höhne, die bei Verwandten zu Besuch war, für ihn in Aussicht hatten. Das Mädchen kannte bisher nur das Landleben auf dem kleinen heimatlichen Gutshof in Retzau und war begeistert von Dessau. – Sie wurde meine Mutter, und ich gesellte mich hinzu." Eben an jenem 4. Juli 1864, nachdem elf Wochen vorher, am 19. April 1864, der 75jährige Heinrich Beibler und die noch keine 27 Jahre alte Wilhelmine Höhne – 1860 bereits Mutter einer unehelichen Tochter – geheiratet haben.

„Die Ehe", so Klara May weiter, „war sehr glücklich, schön meine Kinderjahre. Im Sommer der große Garten (des einstigen Philanthropinums, C. H.) mit dem reichen Obstsegen, im Winter unser herrliches blaues Zimmer mit den schönen alten Birnbaummöbeln, in der Ofenecke den großen alten blauen Backenstuhl, in dem mein Vater saß und uns herrliche Geschichten aus seiner reichen Bibliothek vorlas. –

Das Bild war so schön, daß der berühmte Maler Philipp Fleischer in Begeisterung meinen Vater, in dem Stuhl sitzend, lebensgroß malte. Dieses Bild kaufte der russische Zar, und es soll noch heute in Moskau vorhanden sein."

Das und noch mehr steht in einem Brief, den Klara May am 29. Januar 1942 an den „Anhalter Anzeiger" schrieb. Während das Blatt die Zuschrift abdruckte, verzichtete die Zeitschrift „Der Türmer" beim späteren Zitieren in einem Gedenkartikel zum 100. Geburtstag Karl Mays auf den Absatz mit Fleischer-Bild und Zar – die glückliche Beibleridylle erschien wohl etwas zu dick aufgetragen, beispielsweise die Sache mit dem „berühmten Maler Philipp Fleischer".

Unsere Recherchen erbrachten von Dessauer Kunst- und Stadtgeschichtsexperten zunächst die bündige Antwort „kennt keiner in Dessau". Gründlichere Nachforschungen führten aber schließlich doch auf die Spuren eines Philipp Fleischer (geb. 21. Mai 1850 in Breslau), der als Panoramamaler und Illustrator eine kürzere zeitgebundene lokale Bedeutung erlangt hatte. Ihn schlechthin als „berühmt" einzustufen, dürfte dennoch mächtig übertrieben sein. Ob sich Moskauer Kunstfreunde jemals an einem Konterfei von Vater Beibler erfreuen konnten, ließ sich nicht klären.

Zutreffen dürfte jedoch, daß man viel über den Alten Dessauer sprach, „da dieser herrliche Deutsche in meinen Kindheitstagen ein ‚Nationalheiliger' in meinem Elternhaus war." Und nicht nur dort.

„Ich wuchs heran", erzählt Klara May noch in dem Brief, „besuchte die Höhere Mädchenschule am Markt, und kam dann in das Institut von Fräulein Lies in der Kaiserstraße."

Wenn Klara jemals eine höhere Schule besuchte, so nur mit bescheidenem Erfolg. Denn beispielsweise selbst manche einfache Rechtschreiberegeln bleiben ihr zeitlebens unbekannt, etwa die Unterschiede zwischen Dativ und Akkusativ oder der Konjunktion „daß" und dem Artikel „das"; Kommas werden vielfach ausgelassen und stehen dafür an deplacierten Stellen der Sätze. Davon zeugen ihre Briefe und ein hinterlassenes Tagebuch. Absolviert hat Klara eine solche Anstalt auf keinen Fall: Noch vor Vollendung ihres 17. Lebensjahres heiratet sie am 22. Juni 1881 in Leipzig den elf Jahre älteren Kaufmann Richard Alexander Plöhn (geboren am 22. Juni 1853 in Danzig, gestorben am 14. Februar 1901 in Radebeul).

Vater Heinrich Beibler hatte man am 29. Juli 1879, wie es in einer alten Akte unschön heißt, „aller Funktionen bei der Amalienstiftung in Dessau enthoben"; die Familie war ins nahegelegene Dorf Jonitz übersiedelt. Dort starb am 25. März 1880 der nahezu 91jährige. Klara war zu diesem Zeitpunkt knappe 16 Jahre alt.

Nach der Heirat zieht sie nach Leipzig um und bringt die Mutter mit in die Ehe, die sich dann offensichtlich durch Haus- und Kocharbeiten nützlich macht. Denn Klara selbst habe die Kunst des Kochens nicht beherrscht, wie ihre Mutter einmal gestand. Das wird noch durch die Tatsache gestützt, daß sie bis ans Lebensende – auch in den Jahren des Alleinseins ab 1912 – immer eine „Wirtschafterin" beschäftigte.

Ehemann Richard Plöhn ist Mitinhaber der 1880 in Leipzig gegründeten Firma „Ploehn & Hopf, Ätherische Öle en gros". Nach neun Geschäfts- und acht Ehejahren in der Messestadt wird der Anteil des Un-

Wilhelmine Beibler, Richard und Klara Plöhn

ternehmens an einen Dr. Albin Jentzsch verkauft; am 21. März 1889 verzieht die Familie nach Radebeul. Dort gründet Richard Plöhn die „Sächsische Verbandsstofffabrik R. Plöhn" (Dresdner Straße 78). Am Anfang wohnen das junge Paar und Mutter Beibler in der Schulgasse am nördlichen Stadtrand, später kaufen sie die Villa Gellertstraße 5. Dieses Anwesen wie die Gebäude des Unternehmens sind noch heute vorhanden. Schon 1890 oder nur wenig danach lernen sich die Ehepaare Emma und Karl May sowie Klara und Richard Plöhn kennen – nach Karl Mays Darstellung auf folgende Weise:

*Meine erste Frau sah in der Bahn eine Dame, die sehr lebhaft mit einer anderen sprach und ihr derart gefiel, daß sie, nach Hause gekommen, sie ausführlich beschrieb und mir sagte: „Die muß meine Freundin werden! Ganz unbedingt!" Zwei Tage später gingen wir in ein Conzert. Ich hatte für fünf Personen einen ganzen Tisch belegt. Es gab nur sechs Stühle; auf dem sechsten lag Garderobe. Kein Mensch hatte also weiter Platz; der nächste Tisch aber war nur erst halb besetzt. Das Conzert hatte schon begonnen, da sagte meine Frau, nach der Thür deutend: „Dort kommt die Dame, die ich haben will! Die muß hierher; paß auf!" Die Dame war verheiratet. Sie schaute sich mit ihrem Manne nach zwei leeren Plätzen um. Ihre Blicke fielen auf den Nebentisch, wo solche Plätze waren. Sie gingen auf ihn zu und grüßten die daransitzenden Personen und fragten, ob es erlaubt sei, sich niederzulassen. Der Mann griff dabei nach zwei Stühlen und wollte sich schon niedersetzen, da aber drehte sich die Dame langsam und wie gezwungen nach uns um, kam ebenso langsam und gezwungen auf uns zu und sah meine Frau mit großen Augen an, ohne ein Wort zu sagen. Diese stand auf und machte den sechsten Stuhl von der Garderobe frei; ein siebenter wurde geholt, und die Beiden ließen sich bei uns nieder, obwohl ihre Plätze höchst unbequem waren, mit dem Rücken nach dem Saale und vor den Augen nur die ganz nahe Wand, und die Plätze am Nachbartisch weit bequemer und besser gewesen wären . . . Diese Dame war – – – Frau Plöhn!*

Das schreibt Karl May aus der Rückschau des Jahres 1907 im Manuskript *Frau Pollmer, eine psychologische Studie*. In jener für ihn bitteren Zeit geht er mit der von ihm geschiedenen Emma hart ins Gericht, lastet ihr in häufig bestürzend überzogener Form Ursachen seines Unglücks an, versteigert sich in böse Haßausbrüche, schreibt unter anderem von einer *Dämonin*, in der *die stärksten spiritistischen, hypnotischen und suggestiven Kräfte zu einer Persönlichkeit vereinigt* gewesen seien – mächtig genug, um schon im Konzert Klara und Richard Plöhn an ihren Tisch zu zwingen.

Wenn Emma May dem Spiritismus zugetan war, so im Gefolge jener „Modeerscheinung", die zu Ende des 19. und Beginn des 20. Jahrhunderts weite Bevölkerungskreise in Europa und Nordamerika erfaßte und,

Richard Plöhn

Galten als Schwestern: Emma (links) und Klara

wie wir noch sehen werden, keinesfalls im stärkeren Maße als auch Klara Plöhn, die zudem, wie gleichfalls zu zeigen ist, im Ehedrama zwischen Emma und Karl May eine reichlich undurchsichtige Rolle spielen wird.

Die Bekanntschaft der Mays und Plöhns dürfte, wenn wir die Schilderung des hypnotischen Beiwerkes entkleiden, auf ganz normale Art zustandegekommen sein: Emma und Klara begegneten irgendwo einander, fanden sich sympatisch, und beim Wiedersehen im Konzert rückte man an einem Tisch zusammen. Ziemlich schnell entwickelt sich daraus echte Freundschaft:

*Wir beiden Familien lebten zusammen, als ob es nur eine einzige sei. Wir sagten du und du. Wir nannten uns Bruder und Schwester. Andere Leute wußten es gar nicht anders, als daß die beiden Frauen wirkliche Schwestern seien. Wir theilten Freud und Leid und waren stets darauf bedacht, einander die gegenseitigen Pflichten zu erleichtern.*

Auch das vermerkt Karl May in der *psychologischen Studie.* Emma und Klara sind für ihn *Miez* und *Mausel,* keine dämonischen Gewalten trüben die Viersamkeit, wenngleich Karl May im nachhinein bereits für jene frühen Jahre einen Mißklang artikuliert:

*Aber in dieser Harmonie gab es einen Ton, einen einzigen, der nicht stimmte, und das war der, daß Herr Plöhn niemals und durch keine Bitte dazu zu bringen war, sich mit meiner Frau zu duzen. Er verachtete sie, oder vielmehr, es graute ihm vor ihr. Er verkehrte mit ihr, wie seine*

Die Karte von Karl und Klara von Anfang 1894

*Frau es wünschte, aber nahe kommen durfte sie ihm nicht, weder innerlich noch äußerlich!*

Richard Plöhn ist der beste Freund, den Karl May jemals hatte, und das schon in den gesellschaftlichen Eremitenjahren vor der Old Shatterhand-Legende: *... ein wissenschaftlich hochgebildeter, scharfblickender und kühl erwägender Kopf, ... außerordentlich feinfühlig ... stolz und ein Gentleman durch und durch ...*

An solchen Elogen werden auch dann keine Abstriche gemacht, als Klara Plöhn Klara May heißt; aber eine durch nichts überschattete einstige Freundschaft auch zu der zur *Dämonin* erwachsenen Emma paßt eben nicht so recht in das Bild: An zitierter Darstellung vom Grauen sind zumindest leise Zweifel angesagt.

Als Karl und Emma May Anfang 1894 in Dessau weilen, wird im Gasthof „Drei Kronen" eine Postkarte an Klara Plöhn geschrieben:

*Es grüßt Dich Deine Heimatstadt, / Mein liebes, gutes Klärchen! / Wir sitzen hier ganz reisematt, / als müdes Schwalbenpäärchen. / Bald werden wir die Flügel schwingen, / Die uns nach Hause zu Dir bringen. / Grüß uns inzwischen Deine Lieben, / Denn dies ist auch für sie geschrieben!*

*Deine Emma* steht darunter, und am Rande *Und Dein Karl ooch mit!* Gereimt ohnehin, aber auch geschrieben – wie die Schriftzüge ausweisen – hat es Karl May.

Aus der Anrede *Mein liebes, gutes Klärchen* nun aber auf eine schon frühe Liaison Karl-Klara und aus der Unterschrift *Deine Emma* auf etwaige Tarnung schließen zu wollen, wäre verfehlt. Denn diese Karte präsentiert sich nicht anders als in der damals oft geübten Diktion: Karl May schreibt in launigen Versen oder prosaischem Text und signiert mit *Emma*, ähnlich der Verwendung des Emma Pollmer-Pseudonyms bescheidenes Bemühen, die Ehefrau in all sein Tun – Arbeiten wie Ausspannen – einzubinden.

Jene Karte jedenfalls bezeugt, daß die private Welt von 1894 für alle noch in Ordnung ist. Und sie bleibt es auch, als im Jahr darauf nun tatsächlich der Spiritismus breiten Einzug hält, nämlich in der dicken Gestalt des Dr. med. Ferdinand Carl Ludwig Pfefferkorn (1841–1916) aus Lawrence in Massachusetts. Karl May kennt ihn aus der Ernstthaler Schulzeit, und jetzt besucht der nach den USA ausgewanderte Arzt die Mays in Oberlößnitz.

Pfefferkorn ist überzeugter Spiritist und glaubt, seine ärztlichen Erfolge dem Verkehr mit den Geistern Verstorbener danken zu müssen; dadurch will er viele gute Ratschläge erhalten haben. Auf akademisch gehobenem Niveau kann er sich über die parapsychologischen Phänomene ausbreiten und auch Mays Interesse beleben; in dessen Bibliothek sammeln sich nach und nach rund 75 einschlägige Werke an. Wenn er sich später auch

Klara Plöhn (um 1895)

vehement vom Spiritismus distanziert, einen so phantasiegeladenen Schriftsteller müssen „Geheimlehren" jedweder Couleur ganz einfach interessiert oder gar fasziniert haben: Er nimmt an den spiritistischen Sitzungen teil, zu denen Mister und Mistreß Pfefferkorn die Ehepaare May und Plöhn bitten.

Die ersten Séancen finden in den Plöhnschen Wohnräumen statt. Auch im Mayschen Domizil rückt man zum Tischerücken zusammen. Der in den Kreis einbezogene Hausarzt beider Familien, Dr. Curt Mickel, sagt allerdings 1910 anläßlich einer gerichtlichen Vernehmung aus, daß er niemals bei den Mays, wohl aber fünfmal bei den Plöhns solchen Sitzungen beigewohnt habe. Und nach einer Bekundung Emma Mays aus jener Zeit hat immer Klara Plöhn als „Schreibmedium" fungiert; sie übernahm „die Vermittlung zwischen dem Geisterreich d. h. den Seelen unserer verstorbenen Verwandten und uns."

Für die aktive spiritistische Rolle Klara Plöhns liefert Karl May selbst noch einen Beweis. Auch nach der Abreise Pfefferkorns, erfahren wir aus der *psychologischen Studie*, setzten sich Emma, Klara und Mutter Beibler *des Abend zuweilen hin, um Todte erscheinen zu lassen. Die wurden zwar nicht sichtbar, aber sie wackelten mit dem Tische, und das erschien nicht nur genügend, sondern sogar überzeugend. Das Wackeln wurde in Buchstaben, Laute und Worte verwandelt, und so entstand „die Sprache mit den Geistern"*. Emma kommt bei dieser nachherigen Schilderung wieder schlecht weg: Sie habe das alles veranlaßt und ihr dämonisches Talent spielen lassen, und *weil Frau Plöhn und ihre Mutter aus Dessau stammten und ich sehr viel über den „alten Dessauer" geschrieben hatte, was meine Frau sehr wohl wußte, weil ihr die Gelder dafür zugegangen waren, so trat unter diesem ihren Einflusse plötzlich der angebliche „alte Dessauer" auf und warf den Tisch in der Stube herum, daß es nur so krachte. Er befahl auch, daß man schreiben solle, und . . . so erhielt Frau Plöhn den Befehl, den Bleistift zu ergreifen. Was da herauskam, waren erst nur Striche, dann Sylben — — Worte — — und endlich Sätze, aber lauter unsinniges Zeug. Später, nach langem Bemühen, kam Sinn hinein, und da stelle sich dann ganz eigenthümlicher Weise heraus, daß die Herren Geister am Liebsten über mich und meine vielen Fehler sprachen und daß ich mich zu ändern und zu bessern hätte . . . Die Sitzungen wurden regelmäßig abgehalten; i c h a b e r w a r n i e dabei.*

Klaras Rolle als Medium wird mit dem dubiosen Vermerk kaschiert, daß sich Emma *im Schreiben . . . schwächlich fühlte.* Aber die Befehle des Alten Dessauers aus dem Jenseits seien auf ihre *schlau verborgenen Wünsche* zurückzuführen: Vor jeder Séance habe sie das Medium *stundenlang bearbeitet* und ihm plausibel gemacht, welche Wünsche niederzuschreiben seien. *Es kam nach und nach zu einem förmlichen Sport mit dieser meiner Besserung.*

Karl May auf dem Balkon seiner Villa „Shatterhand“

Ehemalige Villa Plöhn, Gellertstraße 5 (Aufnahme 1989)

Gästeparty in Garten der Villa „Shatterhand" Karl May (sitzend, rechts vorn), Richard Plöhn (mit Hut, Mitte), Emma May (sitzend, 2. von links), Klara Plöhn (dahinter stehend)

Streift man die 1907 durch Haß gegen Emma geprägte Verbitterung beiseite, so schimmert zwischen den Zeilen zum Treiben Mitte der neunziger Jahre doch eine gehörige Portion Ulk durch: *Miez* und *Mausel* wetteifern im Bemühen um Karls „Besserung" – um Mäßigung beim Zigarrenrauchen und Kaffeegenuß, vielleicht auch gegen allzu tolles Renommieren als Old Shatterhand, gegen kleine und große menschliche Schwächen. Und dazu beschwören sie den Geist des Alten Dessauers, über den Karl May seit 1892 ein *zwerchfellerschütterndes Stück* plant.

Die Freundschaft zwischen Mays und Plöhns wird enger, menschlich wie räumlich, seit sie ab 1896 nur noch wenige hundert Meter voneinander entfernt wohnen; die Kirchstraße mit der Villa „Shatterhand" und die Gellertstraße stoßen fast aneinander. Bei allen fröhlichen Gästepartys, die *Old Shatterhand (Dr. Karl May)* in seinem neuen Heim und im Garten gibt, sind Klara und Richard Plöhn selbstverständlich dabei. Sie gehören auch zu den Begleitern auf einigen Reisen der ruhelosen Jahre 1897 und 1898. Beide Ehepaare und Dr. Mickel fahren beispielsweise im August 1898 nach Böhmen und machen dann um den 17. des Monats eine dreitägige Spritztour nach der damals österreichisch-deutschen Grenze. Im Hotel Schwefelbad der Gemeinde Grünthal bei Olbernhau wird genächtigt, im Gästebuch stehen unter anderem die Eintragungen *Dr. May/ Karl/ Literat/ Radebeul, Dresden* und Plöhn/ Richard/ Rentner/ Radebeul.

Richard Plöhn hat kurz vorher seinen 45. Geburtstag gefeiert, der angegebene Status „Rentner" – nach derzeitigen Erkenntnisstand an jenem Augusttag erstmals verwendet – signalisiert eine Zäsur in seinem Leben. Während im Hause May zu jener Zeit „unser Glück auf der Höhe" stand, wie sich Emma später erinnert, „selige goldene Zeiten" herrschten, hatten sich bei den Freunden dunkle Schatten ausgebreitet. Richard Plöhn war an einem schweren Nierenleiden (Morbus Brightii) erkrankt, wurde zeitweise bettlägerig, mußte von Klara gepflegt werden und sich dann entschließen, die Fabrik zu verkaufen.

Die Gebrüder Honymus führten das Unternehmen als „Sächsiche Verbandsstoffabrik R. Plöhn Nachf." weiter, etwa 1907 wurde es in eine GmbH umgewandelt und 1920 von der „Chemischen Fabrik Dr. Von Heyden" übernommen.

Richard Plöhns letztes großes Erlebnis hängt mit Mays Orientreise 1899/1900 zusammen.

Emma und Klara begleiten den wohlgemut aufbrechenden Globetrotter über Frankfurt am Main und Freiburg im Breisgau – hier wird Zwischenstation beim Verleger Fehsenfeld gemacht – nach Genua. Aus dem Südtiroler Kurort Ala reist Richard Plöhn an. Man verabschiedet sich, das Trio steht winkend am Kai der italienischen Hafenstadt, als am 4. April 1899 die „Preußen" des Norddeutschen Lloyd mit Kurs Port Said ausläuft. Das Vorhaben Emmas, an der Reise teilzunehmen, mußte schon vorher aus gesundheitlichen Gründen aufgegeben werden; bei ihr zeigten sich erste Symptome einer Unterleibserkrankung.

Über Nizza, Marseille und Lyon reisen die Plöhns und Emma nach Paris, in der französichen Hauptstadt muß Emma ein paar Tage das Bett hüten, und dann geht es weiter nach dem Ziel Deidesheim. In Straßburg trennt sich Richard Plöhn von den beiden Frauen und fährt allein nach Radebeul zurück.

Emma und Klara besuchen für eine Woche – es ist mittlerweile Mai geworden – das idyllische Städtchen am Pfälzerwald und weilen im Haus des Weinbergbesitzers Seyler. Mit der gastfreundlichen Familie standen *Karlundemma* im herzlichen Briefwechsel, signierten ihre Zeilen im Zeichen der Verbundenheit, machten im Juni 1897 dann auch Visite bei den Seylers. Schon zu dieser Zeit hatte Emma einen Besuch mit Klara in Aussicht gestellt: „Die Mausel würde Dir sicher auch gefallen", schrieb sie an Agnes Seyler.

1897 hatte man beim persönlichen Kennenlernen sofort Brüderschaft geschlossen; jetzt, im Mai 1899, als *Miez* mit *Mausel* eintrifft, bleibt ein Du-Angebot an Klara aus. Harmonisch und herzlich seien die Tage dennoch gewesen.

Klara Plöhn (links), Wilhelmine Beibler und Emma May (1899)

Als sich die beiden Freundinnen wieder in Radebeul aufhalten, bringt die Frankfurter Zeitung am 1. Juli 1899 die bösartige Meldung, daß Karl May in Bad Tölz-Krankenheil weile – einem Ort, wo Geschlechtskrankheiten kuriert werden: Richard Plöhn, während Mays Abwesenheit mit der Wahrnehmung seiner Interessen beauftragt, fährt mit Klara und Emma nach Oberbayern und kann einen entsprechenden Eintrag im Fremdenbuch des Hotels Bürgerbräu als Fälschung entlarven. Er reagiert dann auch auf die ersten Presseangriffe gegen die Werke seines Freundes, legt dabei allerdings kein sonderliches Geschick an den Tag, provoziert vielmehr durch bierernste Behauptungen, daß das in den Büchern Geschilderte sich tatsächlich so zugetragen habe, weitere Attacken. Recht nahe liegt allerdings die Vermutung, daß Karl May die unter dem Namen Richard Plöhn erschienenen Texte selbst verfaßt hat.

Vielerorts trifft viel Post von Mays Reise ein, auch in Radebeul. Klara und Richard Plöhn erfahren per 16. September, daß er *jetzt das gerade Gegentheil vom früheren Karl* sei. *Der ist mit großer Ceremonie von mir in das rothe Meer versenkt worden, mit Schiffssteinkohlen, die ihn auf den Grund gezogen haben.* Acht Tage später aber ist er bereits wieder der alte renommierende Karl:

In Massaua (Erythräa) seien die italienischen Militärbehörden äußerst mißtrauisch gegen alle Ausländer, ausgenommen er selbst: *Es kamen,*

Richard Plöhn und Karl May in Port Said

*ohne daß ich ihnen vorher meinen Besuch gemacht hatte: Der Militairgouverneur selbst, Offiziere des hier stationirten italienischen Kriegsschiffes, der Kolonialarzt und andere Offiziere und Nobili, und wir haben zweimal bei mir unter höchst animirter Unterhaltung gespeist.*

Vor den Pyramiden von Gizeh: Emma May vorn auf dem liegenden Kamel, dahinter (von links) Richard und Klara Plöhn und Karl May

Zwei Tage später, am 26. September:

*... habe das ganze Hinterdeck für mich allein, und kein Mensch darf mir zu nahe kommen. Ich werde mit größter Auszeichnung behandelt und muß sogar sagen, was ich gern esse; das hat der Koch zu bereiten ... Und dabei habe ich mit keinem Worte verrathen, daß ich ein berühmter Schriftsteller bin, sondern es ist wirklich nur die Folge des persönlichen Eindrucks, den ich gemacht habe.*

Klara und Richard Plöhn werden Zeugen der seelischen Wechselbäder, die Karl May auf der Reise erschüttern. Am 10. Oktober, nach der Rekonvaleszenz vom ersten Nervenzusammenbruch, widmet er Klaras Mutter ein Gedicht:

*Ich kenn' ein Haus in weiter Ferne*
*da schlägt ein Mutterherz für mich ...*

Gleichen Tages depeschiert Karl May aus Colombo an die Plöhns und Emma, sie sollen *sofort nach Port Said in Egypten kommen;* er werde sie dort erwarten.

Nach manchem Hin und Her können die Drei erst im Dezember aufbrechen, aber bereits in Mailand geht die Reise vorerst zu Ende. Die

Krankheit legt Richard Plöhn eine Zwangspause auf, die ihn bis Mitte März 1900 im Rivierakurort Arenzano festhält. Karl May kommt gleichfalls dorthin, und am 15. März startet man zur gemeinsamen Fahrt, die in kleinen Abschnitten über Pisa, Rom, Neapel nach Port Said und dann nach Kairo, Gizeh, Jaffa, Jerusalem, Jericho, Nazareth und anderen Stätten im Heiligen Land, in den Libanon, nach Damaskus, Zypern, Istanbul, Athen, Korfu und schließlich über Bologna, Venedig, Bozen und München zurück nach Radebeul führt. Am 31. Juli, pünktlich zu *Mutters Geburtstag* – so notiert es Karl May zu Wilhelmine Beiblers 63. Wiegenfest im Reisetagebuch – sind beide Ehepaare wieder in der Heimat.

In Istanbul sind die Begleiter Zeugen des zweiten Nervenzusammenbruchs Mays geworden. Wir glaubten, „ihn einer Irrenanstalt zuführen zu müssen", hält Klara dazu fest. Neben diesem psychischen Gebresten gibt es auf dieser gemeinsamen Fahrt aber auch etliche physische Beschwerden. „Richard geht es bald besser, bald schlechter, leider ist das letztere mehr der Fall", schreibt Klara am 28. Juni an ihre Mutter. Post aus anderen Tagen enthält die gleichen Klagen.

Auch Emmas Leiden verschlimmert sich durch die Strapazen. Sie nörgelt wegen zu hoher Ausgaben, auf Fahrten zu historischen Stätten nickt sie ein. Da der Ehemann die Ursachen nicht kennt, bringt er kein Verständnis auf, ist nachgerade fassungslos, daß jemand beim Anblick jahrtausendealter Pyramiden im vermeintlich mürrischen Schweigen verharrt. *Meine Frau aber sah von all diesen Herrlichkeiten nichts*, schreibt May später. *Sie sah nur Steine, nur Sand, nur Dattelpalmen, nur Pferde und Esel und Menschen und weiter nichts.*

Anders Klara, acht Jahre jünger als Emma und 22 Jahre jünger als Karl: Sie zeigt nimmermüdes Interesse, *hatte einen sehr guten, offenen Blick für Alles, was ich Köstlich ihr bot. Ich begann, zu erkennen, daß sie doch vielleicht nicht das „Gänschen" sei, für das ich sie bisher gehalten hatte.*
Tagtäglich drängen sich Vergleiche auf, die nicht zugunsten Emmas ausfallen. Zwischen Karl und Klara bahnen sich engere Beziehungen an, wohl unbewußt und auch ungewollt. Emma allerdings später im Zusammenhang mit der Scheidung: „Ich bin zu der Überzeugung gekommen, daß die Plöhn schon auf unserer gemeinsamen Ägyptenreise ein Auge auf meinen Mann geworfen hatte und danach strebte, ihn für sich zu erreichen."

Das wiederum dürfte einigermaßen übertrieben sein, wobei es aber insgesamt recht schwierig erscheint, im sich einfädelnden Dreiecksverhältnis – Richard Plöhn steht dann schon außerhalb dieser Konfiguration – stimmige Terminisierungen zu finden. Den 36. Geburtstag Klaras am 4. Juli 1900 – der letzte Reisemonat ist angebrochen – feiert man jedenfalls in der seit Jahren üblichen Viererherzlichkeit. *Unserer*

*Herzensschwester Klara* steht über den gereimten Glückwunschversen, die *Deine Geschwister Emma und Karl* vereint darbringen.

Zehn Tage darauf besuchen die Vier in Athen die Akropolis. *Auf den Stufen des Nike-Tempels begeisterte uns Klara für den Gedanken, diesen Tempel nachbilden zu lassen und ihn zum Andenken an diese Zeit auf dem heimatlichen Friedhof zu erbauen und uns alle darin zur letzten irdischen Rast betten zu lassen. Sie bekam dazu freie Hand.*

Dieser Eintrag aus Karl Mays Reisetagebuch läßt auf den gemeinsamen Glauben beider Paare an eine einträchtige Zukunft schließen.

Nach der Rückkehr nach Radebeul hinterlegt May beim Amtsgericht Dresden sein Testament. Er setzt Emma zur Universalerbin ein, bedenkt aber auch Klara und Richard Plöhn und Mutter Beibler. Viel schneller aber wird dann wirksam, was Richard Plöhn als letzten Willen verfügte.

Sein Zustand hat sich nach der Reise rapid verschlechtert. Klara pflegt ihn aufopfernd, Karl verbringt viele Stunden am Krankenbett seines Freundes, der am 14. Februar 1901 von seinem Leiden erlöst wird.

Um tröstend zu helfen, holt Emma die Freundin für die ersten zwei Wochen in die Villa „Shatterhand". Auch danach, als Klara wieder in der Gellertstraße wohnt, weilt sie täglich im Hause May, ausgenommen mehrere Wochen im Spätsommer und Herbst, als sich Karl und Emma in den Alpen aufhalten.

Klara ist vom Verlust des Gatten schwer getroffen. Als sie Anfang 1902 ein Tagebuch anlegt, eröffnet sie es mit den Worten: „Das erste neue Jahr, ohne mein Liebstes. – Der einzige mich beseelende Wunsch ist Erlösung von der Erde, täglich bitte ich Gott darum."

Auch die finanzielle Zukunft zeichnet sich duster und ungewiß ab. Statt großer Barschaften und Kontenbestände, wie man vermuten könnte, hat sie Grundstücke geerbt, „Unglückshäuser", wie sie ins Tagebuch schreibt. „Meine Häuser bringen mich noch um den Verstand. Was hat mir mein guter Mann für ein Kreuz auferlegt ... Furchtbares Erbtheil." So die Notiz am 26. November 1902. Zu jener Zeit aber hat sich schon einiges geklärt.

Karl und Emma waren um die Jahresmitte übereingekommen, Klara als Sekretärin arbeiten zu lassen. Gegen ein Jahressalär von 3000 Mark soll sie Leserbriefe beantworten; wie das in Sachen Rechtschreibung bewerkstelligt wurde, ist freilich nirgendwo überliefert. Durch diese Tätigkeit aber, die schon etliche Wochen vorher unentgeltlich begann, kommen sich Karl und Klara immer näher, während sich im gleichen Tempo die Beziehungen zu Emma verschlechtern. In Klaras Tagebuch häufen sich klagende und böse Worte über diese „herzlose, oberflächliche Frau. ... In ihr lebt keine edle Regung ... Ich glaube Emma legts darauf an Karl umzubringen ..." Und so weiter.

Das Tagebuch, so scheint es, wird nicht mehr nur als intimer Monolog geführt. Offensichtlich ist es auch für Karls Lektüre bestimmt. Denn die Schreiberin präsentiert sich als literaturkundig, musikverständig und theaterbegeistert. Inhalte werden wiedergegeben, Emotionen offenbart, kritische Wertungen vorgelegt. „Ihre Eintragungen muten allerdings so an", bemerkt der May-Forscher Fritz Maschke, „als ob sie hierbei Theaterprogramme und Zeitungskritiken abgeschrieben habe." Und zwischen den Rezensionen immer wieder und sich steigernde regelrechte Haßtiraden gegen die einstmals beste Freundin. Später aber auch menschlich erschütternde Belege zum tragischen Schicksal Karl Mays.

Mitte Juli 1902 treten der Schriftsteller und die beiden Frauen eine Reise an, die nach Berlin, Hamburg, Leipzig und dann über München nach Südtirol führt, der Erholung dienen soll, aber das Ende des Ehedramas einleitet. Die dazu überlieferten Aussagen sind so widersprüchlich und lassen kaum erkennen, was tatsächlich geschehen ist:

Karl befürchtet, von der *Bestie* vergiftet zu werden, und in Berlin habe sie ihm nur Aschingers Bierhalle erlauben wollen, *wo es nur Speisen gab, die mich vollends hingerichtet hätten.* Klara jedoch hätte gewacht, *wie eine Tochter über ihren Vater, der ermordet werden soll.* In Berlin und Leipzig „hat es die Plöhn verstanden", so hingegen Emma, „mich immer wegzuschicken, um Einkäufe zu machen, nur, damit sie mit meinem Mann allein bleiben konnte." Und dann will sie gehört haben, wie er „mit einem lauten ‚Hurrah!' zu Frau Plöhn in das Bett gesprungen sei." Den Vorwurf des Ehebruches aber findet Karl *so fürchterlich schlecht, . . . so unbeschreiblich gemein,* denn er habe *schon nicht mehr laut reden . . ., sondern nur noch halb hörbar hauchen* können.

Dann wird Mutter Beibler nach Leipzig bestellt – von Klara, wie Karl berichtet –, um ihn mit Emma zu versöhnen: *Sie versuchte, unsere Hände in einander zu legen – – – vergeblich!* Noch in der Messestadt sagt er, daß es gilt, *Schluß zu machen,* Klara schreibt im Tagebuch: „Es kommt zur Scheidung zwischen Beiden. Es ist das Beste so . . . Karl soll mich an seiner Seite finden, wenn er mich braucht und das werde ich Emma sofort sagen."

Emma: „Du kannst ihn ja kriegen, wenn du ihn haben willst." Als sie wenige Tage darauf den Satz bereut, ist ohnehin alles zu spät.

In Klaras Nachlaß wird später ein undatierter Zettel gefunden, auf dem unter anderem steht: „Mir hat sie immer leid getan, sie konnte sich nicht mehr ändern und ihr Mann hatte nichts mehr für sie übrig, konnte er nicht haben. So wuchs der Zwiespalt, den ich im ganzen Umfang nach dem Tode meines ersten Mannes kennen lernte. Hier erst sah ich ein, daß es keine Brücke zwischen diesen zwei Menschen gab und daß Karl May dem Ende entgegen ging, erfolgte nicht die Trennung."

Am trefflichsten hat die Gründe dieser Trennung wohl Prof. Dr. Claus Roxin, Vorsitzender der Karl-May-Gesellschaft seit 1971, formuliert, wenn er schreibt, daß man wird „annehmen müssen, daß Emma für May nach dem persönlichen und literarischen Neubeginn, den die Orient-Reise für ihn bedeutete, immer mehr zur Verkörperung seiner Vergangenheit und alles dessen wurde, von dem er loskommen wollte. Er nannte sie *eine für die geistige Menschheit Verlorene . . ., die wie die Kanonenkugel des Bagnosträflings an meinen Füßen hing und mich bei jedem Versuch, emporzusteigen, immer wieder auf das Gemeine niederzog.* Es ist wahrscheinlich richtig, daß die Fortdauer der Ehe ihn existentiell gefährdet hätte. Darin dürfe der Grund liegen, daß er die Trennung und Scheidung mit einer ihm sonst fremden Rücksichtslosigkeit durchsetzte."

Dabei wird er in zunehmender Intensität und mit wachsender Rigorosität von Klara unterstützt und – zeitweise zumindest – auch regelrecht vorangetrieben.

Von Leipzig reist May mit beiden Frauen über München nach Bozen – *eine höchst widerliche Fahrt . . ., man kann es unmöglich erzählen* – und von da ins Grand Hotel Penegal auf der Mendel. Dort läßt Klara wieder Tische wackeln und Geister erscheinen, die ihren Stift auch prompt die richtigen Worte kritzeln lassen: „Wenn Du jetzt nicht unseren Willen tust und das unterschreibst, was Dir Karl vorlegt, dann wehe! wehe! wehe! Du mußt bis zum 10. Oktober auf der Mendel bleiben."

Am Morgen des 29. August 1902 erhält Emma Karlas Blatt mit dem Befehl der Geister und dazu die von Karl vorbereitete Erklärung: *„Ich Endesunterzeichnete erkläre hiermit, daß ich wegen gegenseitiger, unüberwindlicher Abneigung ein weiteres Zusammenleben mit meinem bisherigen Ehemanne, dem Schriftsteller Herrn Karl May in Radebeul, für vollständig unmöglich halte und ihm daher meine unwiderrufliche Zustimmung zur Scheidung unserer Ehe gegeben habe . . .*

Emma unerschreibt. Vierundzwanzig Stunden später reisen Karl und Klara ab, am 9. September wird in Radebeul die Ehescheidungsklage eingereicht, per 3. Oktober ergeht eine einstweilige Verfügung auf Getrenntleben und am 8. Oktober treten Karl und Klara eine Erholungsreise an. Bis zum 15. Dezember bleiben sie am Gardasee.

Der am 14. Januar 1903 abgeschlossene Ehescheidungsprozeß findet ohne Emmas Anwesenheit statt. Sie ist vom teuren Hotel auf der Mendel in eine billigere Pension in Bozen gezogen und kommt erst Anfang März zurück.

Vor Gericht bezeugte Klara Plöhn unter Eid, daß Emma gegenüber ihrem Mann Schimpfworte gebraucht sowie Briefe und einen Verlagsvertrag unterschlagen, aber auch, daß ihre einstige Freundin an Richard Plöhn 36 000 Mark zum Aufbewahren und gut verzinslichen Anlegen und an Mutter Beibler weitere 5500 Mark übergeben habe. Von diesen „Gelddiebstählen" habe sie, Klara, den Kläger „erst im Herbst 1902" informiert.

Weshalb nicht schon früher, bleibt ebenso unerwähnt wie das Testament über 40 000 Mark, das sie unmittelbar nach Richard Plöhns Tode zugunsten von Emma hinterlegt hatte – dies offensichtlich als Garantie für die Schuld, denn zurückzahlen konnte die nur mit den „Unglückshäusern" Bedachte ja kaum etwas.

Die Sache mit den „Gelddiebstählen" wird auch im Urteil fixiert; Emma weist das Jahre später – nicht sofort – als „ganz entschieden unwahr" zurück. Ihre unterschriebene Erklärung habe wahrscheinlich nicht ausgereicht, so daß Karl „mit der Plöhn zusammen die Scheidungsgründe hervorgesucht" hat.

Zur Herkunft der beträchtlichen Beträge erfahren wir, daß sie kein festes Wirtschaftsgeld, aber ab und an größere Summen, auch 'mal 4000 und 'mal 6000 Mark bekommen, die davon abgezweigten Ersparnisse aber nicht Richard, sondern Klara Plöhn „zur Aufbewahrung" übergeben habe.

Alles in allem abermals recht undurchsichtig, wobei jene Erklärungen nach Jahren – und dann noch bei Vernehmungen, in die die geschiedene Ehefrau ohne eigenes Zutun und wider Willen verwickelt wurde – eher zugunsten Emmas sprechen: Denn schon 1903 hatten ihr Freunde zur Anfechtung des Scheidungsurteils geraten. Das aber wies sie von sich, und als eine Freundin durch Anzeige gegen Karl und Klara „wegen betrügerischer Handlungen zur Ermöglichung der Ehescheidung" die Angelegenheit ins Rollen bringen wollte, bewirkte sie durch Zeugnisverweigerung die Einstellung des Verfahrens. Alles habe sie vermieden, was Karl in Schwierigkeiten bringen konnte, erläuterte ihr damaliger Anwalt. Sie bat sogar darum, als Köchin in der Villa „Shatterhand" bleiben zu dürfen.

Das aber wurde ihr aus wohl begreifbaren Gründen abgelehnt, die zugesicherte Jahresrente sogar mit der Auflage verbunden, daß sie mindestens 100 Kilometer von Radebeul entfernt wohnen und wieder ihren alten Familiennamen Pollmer führen müsse.

Per 4. März 1903 ist das Scheidungsurteil rechtskräftig geworden. Am 30. März schließen der 61jährige Karl May und die 39jährige Klara geborene Beibler verwitwet gewesene Plöhn standesamtlich den Bund der Ehe. „Morgen früh 10 Uhr gehen wir still zur Kirche", lesen wir in Klaras Tagebuch. „Der Trauung soll nur Mutter beiwohnen. Still und ernst, ohne Feier. Das furchtbare Leid, welches hinter uns liegt, verträgt noch keine Berührung durch Freunde.

Mein ganzes Leben soll fortan meinem unendlich verehrten Manne geweiht sein. Ich will versuchen, seiner würdig zu werden. Will mich zu seiner Höhe aufzuringen versuchen."

In den nun folgenden neun Jahren einer glücklichen Ehe, aus der keinerlei belastende Disharmonien überliefert sind – Herzle wird zur gegenseitigen Anrede, für Klara May ist diese Zeit der „Höhepunkt meines Le-

Karl und Klara May

bens" – zeigt sie sich als einfühlsame Gattin und „kämpferische Mitstreiterin" (so Claus Roxin) wider alle Angriffe, derer sich Karl May erwehren muß. Die Jahre nach dem Tode des Schriftstellers stehen freilich auf einem anderen Blatt.

Ende Oktober 1903 und Anfang Januar 1904 fährt Klara allein nach Weimar, Emmas nunmehrigem Wohnort, um mit ihr und vor dem Amtsgericht die vertraglichen Modalitäten der Rente zu regeln. Schon vor der Hochzeit, im Februar 1903, war sie dabei, als Karl May mit dem Münchmeyer-Nachfolger Adalbert Fischer einen Vergleich in Sachen des Neudruckes der einstigen Lieferungsromane aushandelte. Um zweifelhafte Zeugenaussagen aus den mit Pauline Münchmeyer seit März 1902 laufenden gerichtlichen Auseinandersetzungen zu klären, verhandelt sie im Frühjahr 1904 mit dem Münchmeyer-Schwiegersohn Dr. Schiller in Döbeln – wird dort aus dem Haus gewiesen – und mit Beteiligten in Aussig und Zwickau. An Karls Seite reist sie im Oktober zum Prozeß gegen einen Verleumder im österreichischen Leoben. Als Lebius zum Weihnachtsfest Mays Vorstrafen bekannt macht, beschließt sie für 1904 das Tagebuch mit dem Satz: „Tausend Fäuste sind zur Vernichtung bereit."

Ähnliche Worte beenden die Notizen auch der folgenden Jahre. „Ein wenig Sonnenschein nach all dem bitteren Leid", heißt es noch 1905, während 1906 gefragt wird: „Womit haben wir solche Folter verdient?" Das bezieht sich auf bösartige Lebiusattacken.

Nach zahllosen Aufregungen durch die Prozesse fahren Karl und Klara May vom 22. Mai bis 8. Juli 1907 zur Kur ins schlesische Bad Salzbrunn. Sie unternehmen schöne Gebirgstouren, aber Mays Absicht, auch ein wenig zu schreiben, muß wegen körperlicher Schwäche unterbleiben.

Als Anfang September das Ehepaar in Berlin weilt, unternimmt Klara den Versuch, mit Lebius zu einer Aussöhnung zu kommen. Sie ruft ihn zweimal an und kann schließlich ein Treffen im Café Bauer arrangieren; der erhoffte Erfolg bleibt jedoch aus. Der 9. November wird dann zum schwärzesten Tag des Jahres 1907 – Haussuchung in der Villa „Shatterhand". Klara im Tagebuch: „Solch eine furchtbare Aufregung habe ich auch noch nicht erlebt. Ich hatte unsagbare Angst, mein Herzensmann rege sich auf, daß sein Anfall komme ... So etwas haben wir nie und nimmer für möglich gehalten."

Ähnliche Notizen Anfang 1908: „Wir sind am Ende unserer Kraft ... Ich sehe, wie der Kummer an meinem über Alles geliebten Mann zehrt. Er gab Liebe nichts als Liebe im Leben und nun wird ihm dieser Lohn."

Und dann Anfang September: „Schneller Entschluß die lange aufgeschobene Reise nach Amerika doch noch auszuführen." Danach: „Reise nach extraen Aufzeichnungen ausgeführt."

Nach Überfahrt mit dem „Großen Kurfürsten" betreten Karl und Klara

Karl und Klara May (rechts) mit dem Rechtsanwalts-Ehepaar Bernstein

Karl und Klara May

May am 16. September 1908 zum ersten Mal nordamerikanischen Boden. Sie besichtigen New York und sehen per Sightseeing andere Städte im Nordosten der USA, wohnen etliche Tage im Clifton House auf der kanadischen Seite der Niagara-Fälle, genießen vom Balkon aus das herrliche Naturschauspiel und machen noch einen kurzen Abstecher in ein nahegelegenes Indianerreservat. Klara fotografiert fleißig, die Bilder gehen stapelweise als Postkarten in die Heimat. „Karl May bei den Tuscarora-Indianern", „Karl May an den Niagara-Fällen" schreibt sie eigenhändig dazu. In Lawrence, Massachusetts, wird der Schulfreund Dr. Pfefferkorn besucht, anschließend geht es über Boston, New York und London zurück nach Radebeul. Am 4. Dezember ist man wieder in der Villa „Shatterhand".

Hatte diese Reise einen Erholungseffekt, so ist er rasch aufgebraucht. Neue Prozeßtermine stehen an. Lebius ist es gelungen, der in Weimar lebenden Emma ein paar Informationen zu entlocken, die er weidlich ausschlachtet; das Zutun wird von der geschiedenen Frau schon bald bereut. Im Frühjahr 1909 reisen Karl und Klara nach Weimar zu Emmas Freundin, der Kammersängerin Selma vom Scheidt (1874–1959), um ihr mitzuteilen, daß sie als Zeugin benannt wurde.

Ein paar Monate darauf sagt die Künstlerin vor dem Amtsgericht Weimar unter anderem aus: „Bei dieser Gelegenheit hat er (Karl May, C. H.) sich in der gehäßigsten Weise über seine frühere Frau ausgesprochen . . .

Karl May an den Niagara-Fällen

Während Herr Mey furchtbar aufgeregt war, blieb Frau Klara May sehr ruhig und beteiligte sich fast garnicht an dem Gespräch. Sie machte auf mich und meine mit anwesende Mutter einen scheinheiligen Eindruck."

Ehepaare May und Pfefferkorn

Zahlreiche solche Aussagen, tendenziös ausgewählt, stellt Lebius 1910 in seinem Buch „Die Zeugen Karl May und Klara May. Ein Beitrag zur Kriminalgeschichte unserer Zeit" zusammen. Karl May kann dann durch einstweilige Verfügung den weiteren Vertrieb stoppen, aber Hunderte Exemplare haben schon ihre Käufer gefunden – ein neuerlicher Schlag im „Vernichtungsfeldzug" gegen ihn ist zumindest teilweise gelungen.

Mutter Beibler, die in der Villa „Shatterhand" die Wirtschaft führte, ist am 27. Juni 1909 an Nierenkrebs gestorben, aber dann bringen die Monate jenes Jahres auch noch ein paar erfreuliche Erlebnisse. Im September fahren Karl und Klara nach Berlin und sind dabei, als am 26. mit der Internationalen Flugwoche – der ersten derartigen Veranstaltung in Deutschland – der Flugplatz Johannisthal eröffnet wird. Sie sprechen mit Hubert Latham, einem vielbewunderten Schauflieger, und verfolgen die Künste von Louis Bleriot. Nur zwei Monate vorher hatte der Franzose als erster den Ärmelkanal überflogen. Und dann, am 9. Dezember, eines der triumphalsten Ereignisse in Klaras Leben:

Tags zuvor hatte Karl im Augsburger Schießgrabensaal einen Vortrag gehalten, jubelnd begrüßt und mit noch herzlicherem Beifall verabschiedet. Klara dazu im Tagebuch:

„Das Fortkommen war bei dieser Gelegenheit, wie immer, schwer. Das Hochrufen nahm kein Ende. Alle Fenster bis zu den Dachluken waren voller Menschen, der Wagen konnte in den Straßen nur Schritt fahren."

Zum weiteren Geschehen notiert Klara unter anderem:

„Mit Blumen beladen fuhren wir am 9$^{n.}$ noch nach München. Hotel Leinfelder.

Dort war schon vom Hofe gefragt worden, ob wir immer noch nicht da wären. Man solle es sofort melden . . .

Die höchsten Herrschaften möchten um zwei Besuche bitten, einen im großen Kreise und einen gemütlichen, nur in der Familie. . . . So kam es, daß ich auch die große Audienz am Hofe mit erlebte. Es waren 20–25 Prinzen und Prinzessinnen anwesend. Auch Gelehrte etc. . . .

Für mich war es eine eigene Sache. Ich mußte zwischen den ältesten königl. Hoheiten auf dem Sopha Platz nehmen. Mein Mann wurde umringt und wie ein lieber, alter Freund behandelt, er war ja nicht zum ersten Mal da und der jahrelange Briefverkehr hatte sich durch alte Zeiten erhalten.

Herzlich war die Anteilnahme an Allem was er sagte.

Am Abend war es geradezu gemütlich. Nach Tische wurden die Diener entlassen.

Die Hofdame, Frau Baronen v. Wulffen sagte mir, ich könne mir nicht vorstellen, welche Freude schon seit früh 6 Uhr herrsche, daß Karl May käme . . .

Wir mußten mit in die Gemächer der Damen und dort manches Interessante ansehen ...

Beim Abschied, der doch endlich einmal erfolgen mußte, gab Prinzessin Wiltrud Karl May das Etui mit ihrem und Prinzessin Helmtrud's Bild und Namen. Es freute ihn sehr ...

Die Hofdame sagte es sei ein wichtiges Geschäft für die Hoheiten gewesen die Umhüllung für die Bilder zu besorgen, sie seien in mehreren Geschäften deshalb gewesen, bis sie das Geeignete gefunden hatten.

Die lieben Bilder stehen nun auf seinem Schreibtisch ..."

Manches mag ein wenig übertrieben klingen, aber Karl May weilte tatsächlich schon einmal zur Audienz im Wittelsbacher Palais – im Frühjahr 1898 –, nachdem im Jahr zuvor eine Korrespondenz mit der begeisterten Leserin Prinzessin Wiltrud von Bayern (1884–1975) beziehungsweise ihren Erziehern eröffnet worden war, die mit wechselnder Intensität bis zum Tode des Schriftstellers und dann von Klara bis mindestens 1939 geführt wurde.

Zum Jahresende 1909/Jahresbeginn 1910 schreibt Klara ins Tagebuch:

„Die Bestie in Menschengesalt begann von neuem ihren Mordplan auszuführen.

Trauriger Abschluß des schönen Jahres. Viel, viel Freude und ebensoviel Leid.

1910

Ein trauriger Anfang. Schlaflos verbringen wir die Nächte und quälen einander durch das Verbergen von Seelenqualen.

Wie betete ich um Frieden und Kampf ist die Antwort.

Nur wenig besuchten wir das Theater. Der Druck der Prozesse lastet zu schwer auf uns, dazu erlahmt die Spannkraft. Das Leiden ist übermenschlich ...

Wir wachsen immer mehr zusammen und fühlen unsere Gedanken ohne sie auszusprechen. Ein herrliches Beisammensein.

Wie schön könnten wir es haben, wenn wir die Prozesse abstreifen könnten – zu schön für Staubgeborene."

„Die Bestie in Menschengestalt" – damit ist Emma gemeint, zutreffend wäre die Scheltrede indes allein für Lebius. Emmas Freundin, Selma vom Scheidt, war es ja sogar, die May über die neuerliche Infamie des fanatischen Verfolgers – das böse Wort vom „geborenen Verbrecher" – informierte.

Bei den Prozessen, die Karl May jetzt noch durchstehen muß, leistet ihm Klara wie eh und je menschlichen Beistand. Aber auch ihre Liebe, an der es zu keiner Zeit Abstriche gibt, kann den gequälten Mann kaum noch aufrichten. So registriert sie auch das schlimme Charlottenburger Fehlurteil im Tagebuch mit lakonischer Resignation:

„12. April † † †"

Egon Erwin Kisch, der Anfang Mai 1910 nach Radebeul kommt und dem seit Kindestagen verehrten May journalistischen Beistand leisten will, verdanken wir einen kleinen Einblick in das Verhältnis Karl-Klara zu jener Zeit: „Zunächst wird man von Frau May begrüßt, die in der Behandlung des Themas Karl May Routine besitzt. Sie führt seine Korrespondenz, empfängt die Wallfahrer, erklärt ihnen die Schätze der Villa Shatterhand ... wenn aber seine Frau, mitgerissen, sich allzu lebhaft an der Debatte beteiligt, unterbricht er sie ein wenig ärgerlich: ‚Das verstehst du nicht!' ...

Dann gingen wir in den Garten, den verstohlen bittenden Blick seiner Frau, er möge in der Villa bleiben, lehnte May mit verstohlen energischer Bewegung ab. ... Eben schüttelt ihn ein Hustenanfall, und trotzdem er, die Hilfe der Gattin unwirsch abweisend, aufrecht ins Haus zurückgeht, ist nicht zu verkennen, daß sein Lächeln vom hippokratischen Zug erbarmungslos durchstrichen wird."

Abwendung des drohenden, von Kisch schon erkannten Endes und neue Kraft erhofft man von einer herbstlichen Rheinfahrt und einem kurzen Trip in das landschaftliche geliebte Tirol. Krankheit zwingt zur Heimkehr. Zum Weihnachtsfest 1910 wirft eine Lungenentzündung May aufs Krankenlager, eine mehrwöchige Neuritis folgt.

„Meines guten Mannes Gesundheit wird immer mehr zerrüttet", vertraut Klara Anfang 1911 dem Tagebuch an. „Ich halte mich kaum noch aufrecht. Das Leid zermalmt mich. Nicht helfen können, immer still zusehen ist eine namenlose Qual.

Herzle soll Radiumbäder nehmen."

Klara fährt zuerst allein nach Joachimsthal, „um zu sehen, wie dort die Verhältnisse sind ..." Vom 11. Mai bis 16. Juni unterzieht sich Karl der Kur im böhmischen Bad. Besserung zeichnet sich ab, mit Klara kann er schon bald zu etlichen Ausflügen aufbrechen, beide lassen sich unter anderem auf den Fichtelberg und den Keilberg fahren.

In Südtirol schließt sich noch ein Erholungsurlaub bis Ende Juli an. Auf Ausflügen in den Bergen hat sich Karl wieder einmal zuviel zugemutet. „Rückfall", steht in Klaras Tagebuch. „Karl wieder ganz krank. Von neuem Schmerzen und geschwollene Füße. Er muß wieder Phenacetin nehmen."

Letzter Höhepunkt in Mays Leben ist die Fahrt nach Wien. Obwohl noch immer kränkelnd und gegen den ärztlichen Rat reist er mit Klara in die österreichische Hauptstadt und spricht am 22. März 1912 im Sophiensaal vor 2000 bis 3000 begeisterten Zuhörern zum Thema „Empor ins Reich der Edelmenschen".

Bertha von Suttner sitzt in der ersten Reihe, nachdem sie die Mays zuvor im Hotel besuchte. Bereits am 15. Oktober 1905 hatte das Ehepaar die Pazifistin bei einem Vortrag in Dresden gesehen, ohne sich jedoch mit ihr bekanntzumachen. Seit jener Zeit aber wurden Briefe gewechselt.

Karl May 1911

Letzte Aufnahme am 22. März 1912 in Wien

Eine Woche nach dem bewegenden Wiener Erlebnis und genau am neunten Hochzeitstag mit Klara ist Karl May gestorben. Von allen, die seiner gedenken, findet Bertha von Suttner die ergreifendsten Worte: „In dieser Seele lodert das Feuer der Güte", steht am Ende ihres Nachrufes. Am 12. Februar 1913 kommt sie persönlich nach Radebeul, besucht Klara May in der Villa „Shatterhand" und Karl Mays letzte Ruhestätte – das monumentale Grabmal auf dem Friedhof Radebeul-Ost.

Als Richard Plöhn im Februar 1901 gestorben war, wurde er zunächst in einer herkömmlichen Grabstätte beigesetzt. Die damalige Klara Plöhn erteilte dann umgehend den Auftrag zum Bau der Nike-Tempel-Nachbildung, die sie auf der Athener Akropolis vorgeschlagen hatte. Die künstlerische Gestaltung übernahm der junge Bildhauer Selma Werner (1864–1953), der später unter anderem als Schöpfer des Schillerdenkmals am Dresdner Albertplatz (Platz der Einheit) bekannt wurde. 1903 bettete man Richard Plöhn in das Mausoleum um. Mit der in aller Stille am 3. April 1912 erfolgten Beisetzung fand Karl May die letzte Ruhestätte an der Seite seines besten Freundes.

Emma May/Pollmer lebt zu jener Zeit noch in Weimar. Unter schweren körperlichen und seelischen Leiden muß sie die letzten Monate ihres Daseins in der Landesanstalt Arnsdorf verbringen. Sie stirbt am 13. Dezember 1917 und wird auf dem Anstaltsfriedhof bestattet. Klara May bezahlt die Grabstelle für eine Laufzeit von zehn Jahren.

Durch ein neues Testament vom 8. März 1908 ist Klara May zur Universalerbin bestimmt worden, und nach ihrem Tode sollte alles einer *mildthätigen Stiftung* zufallen – zur Unterstützung notleidender Schriftsteller, Journalisten und Redakteure und in einer zweiten Stufe zur Ausbildungsförderung.

Testamentarisch war außerdem verfügt worden, Klara May habe *meinen beiden Schwestern Wilhelmine verwitwete Schöne, geborene May, und Karoline, verwitwete Selbmann, geborene May, beide in Hohenstein-Ernstthal wohnend, bis zu deren Tode vierteljährlich je 150 Mark Unterstützung baar und pränumerando auszuzahlen.*

Karl Mays einstige Lieblingsschwester Wilhelmine (1844–1932) hielt bis ins hohe Alter an der Version fest, noch ein anderes Testament gesehen zu haben – mit dem Satz, daß für sie „besonders gesorgt" ist.

Weil sie vom Tod des Bruders erst viel später erfuhr und ihr Klara beim Besuch in Radebeul unter anderem erzählt habe, daß in der Sterbenacht ein Rechtsanwalt zugegen gewesen sei, vermutete sie eine Manupulation des Testamentes. Sie und ihr Sohn Theodor Schöne unternahmen deshalb Anläufe zur Anfechtung, beauftragten sogar noch 1928 eine Privatdetektei mit Ermittlungen, erzielten jedoch keinen Erfolg.

Das Verhältnis zwischen einem Teil der Verwandtschaft Karl Mays und Klara May blieb jedenfalls bis zuletzt unerfreulich und gespannt. Wie ich mich selbst in Gesprächen mit Nachfahren überzeugen konnte, gilt noch heute ihr Ansehen mehr als umstritten, schon allein wohl deshalb, weil sie sich gegenüber den Verwandten aus dem Erzgebirge als für „etwas Besseres" gehalten habe. Der Wechsel der Generationen hat das berühmte Gras über die Schatten der Vergangenheit noch längst nicht wachsen lassen.

Nur wenige Monate nach dem Ableben des Schriftstellers errichtete die Witwe die im Testament genannte „Karl-May-Stiftung". Durch drei Erbverträge und ihr Testament erbte die Stiftung das gesamte von Karl und Klara May hinterlassene Vermögen einschließlich des literarischen Nachlasses und der Urheberrechte an den Werken. Zur Nutzung dieser Rechte war bereits am 1. Juli 1913 der „Verlag der Karl-May-Stiftung (Fehsenfeld & Co.)" gegründet worden, der ab 1. Januar 1915 den Namen „Karl-May-Verlag" führte. Schon 1917 erbrachte das Stiftungsvermögen durch die vom Verlag überwiesenen Beträge mehr als 1000 Mark Jahreszinsen: Satzungsgemäß konnte man die ersten Spenden verteilen.

Das Anliegen der „Karl-May-Stiftung" forcierte Klara May in einem Maße, wie es das Testament gar nicht verlangte, nicht zuletzt wohl mit der löblichen Absicht, dem Andenken an Karl May gute Dienste zu leisten. Der gleiche Vorsatz veranlaßte sie aber auch zu höchst bedenklichen Aktionen: Wichtige Akten aus Mays Nachlaß wurden von ihr verbrannt; außerdem nutzte sie gesetzlich eingeräumte Möglichkeiten, archivierte Schriftstücke amtlich vernichten zu lassen. So „ordnungsgemäß" und „in Gegenwart von Frau Clara May" beispielsweise im Juni 1922 im Sächsischen Hauptstaatsarchiv Dresden geschehen. Alles mit dem Ziel, die „dunklen Flecke" für immer zu verdunkeln und ein verklärtes Bild vom „Volksschriftsteller" erstrahlen zu lassen.

Im Antrag zur Begründung ihres Ansinnens hatte Klara May am 3. Mai 1922 unter anderem mitteilen lassen: „Es kann aber überhaupt nicht anerkannt werden, daß es zur Sicherstellung der historischen oder literarischen Wahrheit über den Wert der Werke Karl Mays oder sein Charakterbild je erforderlich wäre, den Inhalt der unheilvollen Akten zu kennen und zu berücksichtigen. Niemals und unter keinen Umständen besteht hierfür eine Notwendigkeit ... Wer das behaupten wolle, legt etwas Gewaltsames in die Wissenschaft hinein. ...

Unsere Gegenwart ist eine Zeit der Tilgung von aktenmäßigen Spuren einer strafbaren Vergangenheit. Die Vertilgung der Strafakten Karl Mays ist deshalb so recht eine Frage und Aufgabe der neueren Zeit. . ."

Der in dieser Sache befaßte Dresdner Staatsanwalt und Kriminalpsychologe Erich Wulffen (1862–1936) hatte von den Dokumenten – zum Glück – vorher Teilabschriften und Exzerpte angelegt, die er zu

In diesem Kamin veranstaltete Klara May das Autodafé.

wissenschaftlichen Arbeiten verwenden wollte. Sein Manuskript – „Karl Mays Inferno“ – ging im Herbst 1928 an den Karl-May-Verlag.

Vorsorglich fertigte man dort von der Handschrift zunächst eine Kopie an, die noch heute erhalten ist. Wiederum somit zum Glück, denn als Klara May die Seiten gelesen hatte, verlangte sie die sofortige Vernichtung. Nach vielem Hin und Her veranstaltete sie am Silvestertag 1931 oder kurz darauf ein feierliches Autodafé: Im Beisein von Patty Frank und des befreundeten Wirkmaschinenfabrikanten Richard Lieberknecht verbrannte sie im Kamin der „Villa Bärenfett“ Wulffens Originalmanuskript „Karl Mays Inferno“ – ein Ritual, das auch die Geister aus der Vergangenheit des Schriftstellers bannen sollten.

Roland Schmid (1930–1990), Mitinhaber des Bamberger Karl-May-Verlages, bezeichnet später in einem Brief dieses Autodafé als „Holocaust“ und den ganzen Vernichtungsdrang als „vollkommen absurd, ... völlige Unsinnigkeit. Es ist ein Jammer ... “

Diesem Treiben soll auch, aber das ist nicht bewiesen, eine frühe Fotografie Mays zum Opfer gefallen sein: Das Bild habe 1870 zur polizeilichen Identifizierung gedient. Nach anderen Aussagen sei es eine Aufnahme in Häftlingmontur gewesen.

Der um objektive Wahrheit bemühten Literaturwissenschaft wurde durch solches Tun der denkbar schlechteste Dienst erwiesen. Aber, neuerlicher Glücksumstand, Klara May vermochte nicht die Breite der Archivierungsstätten zu überschauen. Und andere Quellen – autobiographische Schriften, Briefe, Pressestimmen, besagte Duplikate und schon gedruckte Aktenauszüge – blieben ohnehin erhalten. So konnte sie die biographische und literarische Forschung wohl erschweren, aber nicht die heute vorliegenden Erfolge verhindern:

Historische Wahrheiten haben sich durch Aktenvernichtung noch nie unterdrücken lassen.

Als 1923 ein Verzeichnis von Mays Bibliothek aufgenommen und im Karl-May-Jahrbuch 1931 veröffentlicht wird, gibt es eine Fülle wissenschaftlicher Werke, aber keinen einzigen Titel von Cooper, Sealsfield, Strubberg, Gerstäcker, Ruppius, Marryat und ähnlichen Autoren, die sein Schaffen nachweisbar beeinflußten, bei denen er sogar einige Aktien zog. Möllhausen ist nur mit zwei wissenchaftlichen Expeditionsberichten vertreten, sein gewaltiges Abenteuerwerk fehlt. Man vermutet, und intime Kenner damaliger Radebeuler Verhältnisse haben wiederholt darauf hingewiesen, daß Klara May auch diese Sammlung entsprechend „bereinigte“, um die alte Old Shatterhand-Fabel weiterglimmen zu lassen.

Denn nicht weniger unerfreulich als die Aktentilgung stellt sich ihre hemmungslose Legendenstrickerei dar. Was Karl May am Ende der Orientreise ad acta legte, 1910 in der Selbstbiographie *Mein Leben und Streben* nochmals bekräftigte – es sei *doch gewiß anzunehmen gewesen, daß kein vernünftiger Mann auf die Idee kommen werde, daß ein einziger Mensch das Alles erlebt haben könne* –, läßt sie fröhliche Urständ feiern: Den Lesern will sie glauben machen, er habe die Abenteuer doch alle durchstanden.

Schon im Karl-May-Jahrbuch 1918 holt Klara May das Blaue vom Himmel herunter: Nie habe Karl May „den rechten Weg" verfehlt, „so daß mich seine Art oft, besonders in den Indianerterritorien Amerikas und Kanadas, an einen Traumwandler erinnerte. Meilenweit ritten wir durch totenstille einsame Wälder. Kein Weg, kein Zeichen gab Kunde, wo wir uns befanden, und sicher und unbeirrt fand er sich zurecht, nur die Sonne und der Kompaß leiteten ihn."

Ganz ähnlich sei es auch im Orient gewesen. Nie habe er „den Sonnenbrand und die Mühsale eines Wüstenrittes" empfunden: „Ja selbst im heißen Samum hielt er munter aus und stützte uns durch seine schier unversiegliche Kraft, als der feine Sand schon unsere Augen entzündet und alle Schleimhäute verdorrt hatte. Am Ziel angelangt brachen wir wie tot zusammen, und er allein sorgte noch für uns, als ob die furchtbare Anstrengung – stundenlang im Sattel – keinen Einfluß auf ihn hätte."

Auch gewaltige Sprachkenntnisse kehren wieder, zwar nicht in der Anzahl von mehr als 40 oder gar *über 1200 Sprachen und Dialekten*, aber

Klara Mays „Münchhausen-Buch"

immerhin: Als sie einmal mit ihm in Dresden die Buffalo-Bill-Show besuchte, habe er sich „mit einigen dieser Indianer . . . längere Zeit in ihrer Muttersprache“ unterhalten.

Vermutlich einziges Bild Mays mit einem Indianer. Amateuraufnahme mit Beschriftung von Klara May 1908

In alle folgenden Jahrbüchern bis 1933 ist Klara May mit kürzeren Beiträgen vertreten. Sie bieten neben biederem Baedekerwissen einige Episoden aus Mays Leben und zwischendurch erfundene Fabeln. Wer das Tagebuch oder Briefe von ihr kennt, sieht hinter den gedruckten Seiten unschwer die Hand eines kundigen Lektors.

Den absoluten Knüller aller Klaraschen Münchhausiaden liefert jedoch ihr Buch „Mit Karl May durch Amerika" von 1931.

Gemeinsam mit Freundin Lucia Lieberknecht, Ehefrau des schon erwähnten Richard Lieberknecht aus Oberlungwitz, war sie im Jahr zuvor in Nordamerika, um Stätten der Reise von 1908 und andere Gegenden aufzusuchen. Bei der Niederschrift der vermischten „Reiseerinnerungen" beider Trips scheinen dann wieder einmal Geister ihren Stift geführt zu haben, denn bei manchen vermeintlichen Reminiszenzen wußte sie es „nicht mehr genau", hatte nur „das bestimmte Gefühl".

Um ihre Texte überhaupt drucken zu können, mußte Franz Kandolf (1886–1949), katholischer Kaplan und freier Mitarbeiter des Karl-May-Verlages, als Ghostwriter fleißig Hand ans Werk legen; unter den Beschäftigten der Firma kamen dann unter vorgehaltener Hand die Necknamen „Märchentante" und „Klarah Durimeh" in Umlauf – letzterer in Anlehnung an das Maysche Märchenwesen Marah Durimeh –, aber gedruckt wurde das Elaborat eben doch, was bei Klaras Teilhaberschaft wohl auch nicht zu vermeiden gewesen wäre.

Also setzt Klara ihre Zeitmaschine in Gang und dehnt die einstigen wenigen Tage mit Karl an den Niagarafällen auf die Längen von Wochen: „Er hatte sich entschlosen, mich im Clifton-House zurückzulassen und für einige Wochen allein weiterzureisen. Wohin? Zu den Apatschen! Und wohin sonst? Mit Kummer bekenne ich, daß ich es nicht mehr genau weiß. Wohl hat er mir von dieser Weiterreise mehrfach geschrieben . . ." – solche Karten oder Briefe aus Arizona, Colorado oder New Mexico hat indes nie jemand gesehen.

Wahrscheinlich sei Karl May auch im Yellowstone-Park herumgeklettert: „Ich kann es nicht beweisen, aber ich habe das bestimmte Gefühl . . ."

Solche kategorischen Imaginationen hatte sie auch an einstmals gemeinsam besuchten Landstrichen: Hier muß er früher schon 'mal gewesen sein!

Am tollsten aber wäre es auf der Rückreise im Atlantik gewesen. Wenn Karl May früher einmal Tollkühnheit während eines Taifuns geschildert habe, „war das keine Aufschneiderei, ich habe es selbst mit ihm erlebt. Es war auf dem Dampfer ‚Kronprinzessin Cecilie', als wir einen Seegang hatten, der die Wellen bis zu vier Stock Höhe trieb. Die eisernen Luken mußten geschlossen werden, und alle Fahrgäste zogen sich bescheiden und kleinlaut unter Deck zurück. Nicht so Karl May. Je toller der Seegang

Von Leiden gezeichnet: Karl May auf der Überfahrt nach Amerika 1908

wurde, desto lieber war es ihm, und als das Wüten der Naturgewalten gar zu arg wurde, ließ er sich und seinen Stuhl anbinden und blieb dennoch an Deck; die durchnäßten Kleider störten ihn nicht. Dieselbe Ausdauer und Widerstandskraft zeigte er in der Wüste . . ."

Überlieferte Reisebilder zeigen es ganz anders. Fotos der Orientreise präsentieren brave Mietkamele vor ägyptischen Pyramiden – pro Tier ein Touristenführer –, und Abenteuer in der Wüste hat es nach der Rückkehr aus Amerika gleich gar nicht mehr gegeben. Und Karl Mays Konterfeis anno 1908, auf Hotelbalkon oder Promenadendeck, im Fordmobil oder Ruderboot – weitab vom Wasser auf dem Sandstrand – lassen die Spuren seelischen Leidens und körperlichen Verfalls schon überdeutlich erkennen. Wenn er steht, hält er sich irgendwo fest.

Der Titel „Mit Karl May durch Amerika" hatte nur kümmerlichen Erfolg. In der Verlagsreklame aller folgenden Jahre wird der Ladenhüter – heute unter Sammlern freilich ein gefragtes Stück – angepriesen, und Klara May selbst wirbt noch 1942 im Brief an den „Anhalter Anzeiger" ein bißchen für das Buch: Von dem, was sie erlebt und gesehen habe, biete es aber nur „einen kleinen Teil, dann gesellen sich hinzu die Afrikareisen, Orient, Ägypten, Palästina mit Karl May, dann Italien, Frankreich, England, Rußland usw., und die Weltreise."

„Rußland usw." ist in der bei Übertreibungen üblichen Übersetzung als „nichts und nichts weiter" zu lesen, außer der mitunter als „Weltreise" bezeichneten Orientreise hat Klara May aber tatsächlich noch einen weiteren Globetrott unternommen.

Wieder mit Freundin Lucia reist sie im ersten Halbjahr 1934 von Nizza nach Indien, Ceylon, Sumatra, Singapur, den Philippinen, Shanghei, Peking, Korea, Japan, Hawaii, San Francisco, durch den Panamakanal nach Kuba und New York und zurück in die Heimat. Sie schreibt 25 „Reisebriefe", die in der Dresdner Tageszeitung „Freiheitskampf" mit dem Serientitel „Unter dem Hakenkreuz um die Welt" erscheinen.

Weltbewegendes hat sie nicht zu bieten, was sie über einzelne Reisestationen berichtet, verrät die handgreifliche Nähe von einschlägigen Reiseführern, aber nun ist auch für sie „Deutschlands neue Zeit" angebrochen. Ohne Not wird sie Mitglied der NSDAP; den Nichtbesitz des Parteibuches hätte einer im achten Lebensjahrzehnt stehenden alten Frau wohl niemand verübelt. Aber es kommt noch schlimmer.

1938 schlägt sie vor, Karl Mays Roman *Und Friede auf Erden!* im Geiste der Naziideologie zu „überarbeiten": „Man könnte in geschickter Weise auf die Ereignisse der letzten Tage eingehen und den Führer als idealen Friedensverkörperer berühren . . ." Auch solle man das christliche Kreuz „umformen in eine Sonne, die durch die Zinnen gebildet wird zum Sonnenrad, in dem das Kreuz schimmert und sich zum Hakenkreuz formt . . ." Und alles, was May über „Rassenmischung" gesagt habe,

Am Schreibtisch Karl Mays: „. . . ich halte meinen Rücken hin!“

„. . . die schwierigste Seite des Karl-May-Problems."

„muß fallen . . . mögen die Leser sagen, was sie wollen, ich halte meinen Rücken hin!"

Verlagsleiter Euchar Albrecht Schmid konnte das ungeheuerliche Ansinnen abbiegen. Schon vorher dürfte ihn Klara Mays Verlangen, ihre Hakenkreuz-Reisebriefe von 1934 in die Karl-May-Jahrbücher aufzunehmen, noch zusätzlich bestärkt haben, diese Reihe mit dem Jahrgang 1933 (Auslieferung erst 1935) einzustellen, zumal er ohnehin „das Thema Karl May aus ideologischen Diskussionen möglichst heraushalten" wollte.

Schmid bezeichnete Klara May sogar als „die schwierigste Seite des Karl-May-Problems." Sie ist, urteilt er, „ein sehr komplizierter Charakter mit Extremen und Sprunghaftigkeiten . . ., wie sie sich in ähnlicher Fülle nicht leicht vereinigt finden."

Daß Klara May freilich überhaupt das Ansinnen zum Umbiegen von Karl Mays Friedensroman stellen konnte, hängt mit Verlagspraktiken zusammen. Der Schriftsteller hatte 1905 im Zusammenhang mit seinen Werken gefordert: *Es darf kein Wort, keine Zeile daran geändert werden.* 1910 schreibt er: *Ich habe Korrekturen und Kürzungen nie geduldet.* Im gleichen Sinne liegen weitere eindeutige Festlegungen des Autors gegen jedwede Veränderungen der Texte vor.

Das aber hindert den Karl-May-Verlag nicht, die Werke zum Teil einschneidend zu bearbeiten. Schon bei den Dessauer-Humoresken haben wir Beispiele dafür kennengelernt.

Mitunter verschwanden ganze Handlungsteile, und neue, nicht von May verfaßte Texte kamen hinzu. Der Roman *Und Friede auf Erden!* etwa war bereits in der bearbeiteten Fassung von 1922 gegenüber der Originalausgabe von 1904 von 660 auf genau 560 Seiten zusammengestrichen worden. Trotz der Eingriffe werden auch die veränderten Texte vom Verlag als „Originalausgaben" bezeichnet.

Die allererste Amputation am Werk Karl Mays nahm Klara May selbst vor – schon zwei Wochen nach dem Tode des Schriftstellers. In der Danksagung für die Kondolenzschreiben teilte sie am 15. April 1912 mit, daß sie sich entschlossen habe, die Selbstbiographie *Mein Leben und Streben* von 1910 „neu herauszugeben, unter Hinweglassung alles dessen, was zu neuem Kampf und Streit Veranlassung sein könnte." Als „völlig neu bearbeitete Ausgabe" wurde der Titel dann im Börsenblatt vom 25. Juni 1912 angezeigt – zu jener Zeit noch vom Verlag Fehsenfeld.

Später segnete Klara May alle Eingriffe in das Werk Karl Mays ab. Am 21. August 1930 legte sie fest: „Ich erkläre mich ausdrücklich damit einverstanden, daß der Mitinhaber und verantwortliche Geschäftsführer Dr. jur. Euchar Albrecht Schmid, unterstützt von den Mitarbeitern seiner Wahl, an den Werken meines Mannes, des Schriftstellers Karl May, alle nötigen Verbesserungen und Überfeilungen bewirkt. Die von Dr. Schmid und seinen Mitarbeitern vorgenommenen Bearbeitungen,

Vor der „Villa Bärenfett“ im Januar 1928

die Karl May selber nicht mehr vornehmen konnte, haben als einzig giltige Ausgabe letzter Hand, als editio ne varietur zu gelten."

Im literaturwisenchaftlichen Karl-May-Handbuch von 1987 wird dazu kommentert:

„Daß die Witwe eines Dichters, an dessen Texten sie keinerlei Anteil hat, einen Dritten und ungenannte Vierte dazu ermächtigt, auf dem Wege der Bearbeitung eine definitive Werkausgabe zu schaffen, ist freilich in der Literaturgeschichte ein wohl singulärer Fall, der im Widerspruch zu jeder wissenschaftlich begründbaren Editionspraxis steht."

So zeichnet sich schon mit wachsender Deutlichkeit Klara May als eine Frau ab, „die dem Rang des Namens, den sie trug, nicht gewachsen war."

Ein unbestreitbares Verdienst mag das Urteil ein wenig mildern. Als 1925 der Artist Patty Frank (1876–1959; bürgerlicher Name Ernst Tobis) seine große ethnographische Sammlung zu den Indianern Nordamerikas anbietet, greift Klara May zu. Im Garten der Villa „Shatterhand" wird die „Villa Bärenfett" gebaut, der legendäre Patty erhält eine Rente und Wohnrecht auf Lebenszeit und leitet das am 1. Dezember 1928 eröffnete Karl-May-Museum bis zu seinem Tode. Patty, das nebenbei, bleibt bis zum 66. Lebensjahr Junggeselle. Erst dann heiratet er die damals 41jährige Marie Barthel (1902–1961), die seit 1921 als Köchin und Haushälterin Klara Mays gearbeitet hatte.

Das geschieht 1942. In jenem Jahr somit, da Karl Mays 100. Geburtstag ansteht – für Klara May Anlaß zur wohl schändlichsten Tat ihres Lebens.

Feierlichkeiten werden vorbereitet, auch eine Ehrung am Grab ist eingeplant. Vorsorglich hatte Klara May schon 1940 die an der linken Wand des Mausoleums angebrachte Inschrift „Familie Plöhn" beseitigen lassen. Die Nazibehörden erfahren dennoch, daß der an der Seite Karl Mays ruhende Richard Plöhn „Halbjude" war – und untersagen alle Feierlichkeiten: Worauf Klara May das ungeheuerliche Verlangen durchsetzt, ihren ersten Ehemann – Karl Mays besten Freund – aus der Grabstätte entfernen zu lassen. Und ihre 1909 dort beigesetzte Mutter gleich mit dazu – wer weiß, was arische Ahnenforscher möglicherweise noch ans Tageslicht bringen konnten, mag sie gedacht haben.

Durch Kriegsverordnungen waren Exhumierungen 1942 schon nicht mehr erlaubt. Aber gute Beziehungen zu Dresdner Nazigrößen ermöglichten Klara May den makabren Akt. Die Feierstunde kam trotzdem nicht zustande.

Zahlreiche Zeitungen würdigten den 100. Geburtstag Karl Mays am 25. Februar 1942. Klara May wurde dabei unter anderem als „Hüterin eines Erbes" bezeichnet.

Nur wenige Monate später leidet sie unter der Lähmung des rechten Armes. Anfang 1944 bricht sie sich bei einem Sturz im Zimmer den lin-

Letzte Aufnahmen Mitte 1944

ken Arm und das Schlüsselbein. „Seither muß sie nun unter heftigen Schmerzen immer an einem Fleck sitzen, und es wird bestimmt eine langwierige Sache werden“, heißt es in einem Brief des Karl-May-Verlages aus jenen Tagen. Am 31. Dezember 1944 ist Klara May gestorben.

Ihr Ende schien sie schon am 6. Oktober zu ahnen, als sie sich bei einer Nichte Karl Mays für einen Besuch bedankte: Ich „sage Dir, daß ich mich freue, Dich am Abend meines Lebens noch einmal gesehen zu haben. Irrtümer und Enttäuschungen brachte mir das Leben reichlich und da wirkt ein wenig uneigennützlicher Sonnenschein um so wohltuender, wenn er aus reinem Herzen kommt und das Gefühl habe ich bei Dir.

Gott sei uns gnädig . . .“ Das waren vermutlich die letzten Zeilen ihres Lebens.

Die Heimatstadt Dessau hatte Klara May nach dem Wegzug im Juni 1881 nur noch zweimal besucht; gemeinsam mit Freundin Emma im Oktober 1899, als Karl May im Orient weilte, und dann nochmals irgendwann in den 20er oder 30er Jahren.

„Dessau, meine Geburtsstadt“, erinnerte sie sich 1942, „war mir aber vollkommen fremd geworden, eine Großstadt. Das alte, geliebte Hoftheater, was mir immer offen stand, war abgebrannt. Nach Wörlitz fuhr keine Bahn. In meiner Jugend war ein Ausflug dorthin mit Pferden und Wagen ein Ereignis.“

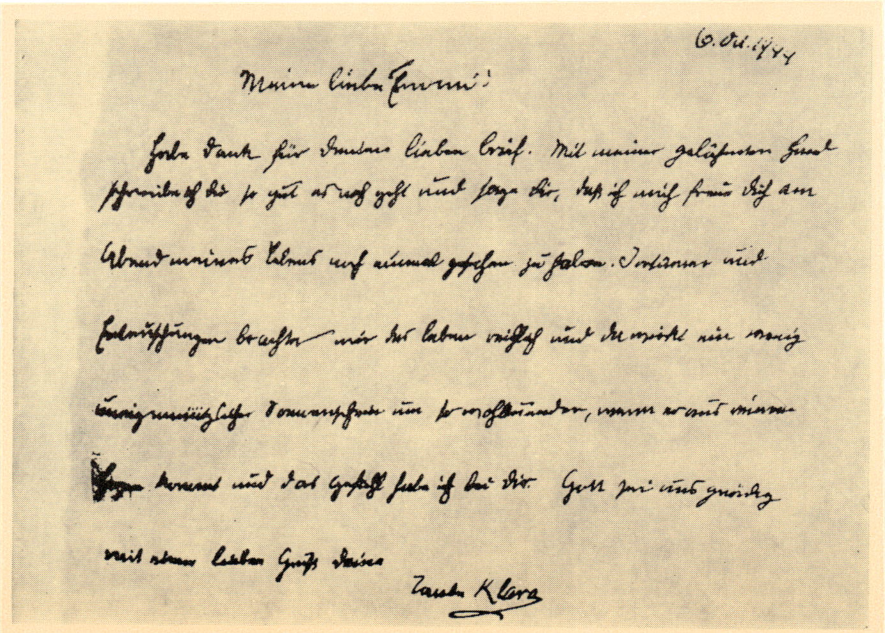
6. Okt. 1944

Meine lieben [illegible]!

Habe Dank für Deinen lieben Brief. Mit meiner [illegible] Hand schreibe ich Dir so gut es noch geht und sage Dir, daß ich mich freue Dich am Abend meines Lebens noch einmal gesehen zu haben. Irrtümer und Enttäuschungen brachte mir das Leben reichlich und da wirkt ein wenig uneigennützlicher Sonnenschein um so wohltuender, wenn er aus reinem Herzen kommt und das Gefühl habe ich bei Dir. Gott sei uns gnädig

mit einem lieben Gruß Deine

Tante Klara

Der vermutlich letzte Brief von Klara May, geschrieben am 6. Oktober 1944

Ein Ausflug mit der Eisenbahn nach Wörlitz ist heute wieder ein Erlebnis. Was aber würde die „alte Dessauerin" schreiben, könnte sie anno 1990 die Ruinenreste von Schloß und Marienkirche oder andere verblichene Pracht des Alten Dessauers sehen?

Letzte Ruhestätte von Karl und Klara May in Radebeul

# Literaturverzeichnis

## I. Karl Mays Geschichten über den Alten Dessauer

Erstveröffentlichungen und alle Nachdrucke, die zu Lebzeiten des Schriftstellers erschienen


1. *Die Rose von Ernstthal. Eine Geschichte aus der Mitte des vorigen Jahrhunderts. Von Karl May.*
   In: Deutsche Novellen-Flora. Sammlung der neuesten, fesselndsten Romane und Novellen unserer beliebtesten Volksschriftsteller der Gegenwart. 1. Bd., Lfg. 11–14. Verlag von Hermann Oeser, Neusalza 1875
   Nachdruck:
   - U. d. Pseudonym *Karl Hohentahl.* In: All-Deutschland! / Für alle Welt! Illustrirtes Hausblatt. 4. Jg., Heft 14–16. Verlag von Göltz & Rühling, Stuttgart 1880
2. *Ein Stücklein vom alten Dessauer. Humoreske von Karl May.*
   In: Deutsches Familienblatt. Wochenschrift für Geist und Gemüth zur Unterhaltung für Jedermann. 1. Jg., Nr. 1–2. Verlag von H. G. Münchmeyer, Dresden 1875
   Nachdrucke:
   - Neues Unterhaltungs-Blatt. Blätter für Unterhaltung und Belehrung. 8. Jg., Nr. 41–43. Verlag von Theodor Herrmann, Wiesbaden 1877
   - Der Bote. Volkskalender für alle Stände auf das Schaltjahr 1880. Verlag von Carl Flemming, Glogau 1879
3. *Unter den Werbern. Humoristische Episode aus dem Leben des alten Dessauer von Karl May.*
   In: Deutsches Familienblatt. Sammlung ausgewählter Original-Romane, Novellen, Erzählungen, Biographieen, Scizzen der Vor- und Neu-Zeit. 2. Bd., Heft 1–6. Verlag von H. G. Münchmeyer, Dresden 1876
   Nachdrucke:
   - Neues Unterhaltungs-Blatt, Blätter für Unterhaltung und Belehrung. 8. Jg., Nr. 21–36. Verlag von Theodor Herrmann, Wiesbaden 1877
   - U. d. Titel *Fürst und Reitknecht.* In: All-Deutschland!/Für alle Welt! Illustrirtes Hausblatt. 3. Jg., Heft 6–9. Verlag Göltz & Rühling, Stuttgart 1878/79
   - U. d. Titel *Die Seelenverkäufer.* In: Deutsche Gewerbeschau. Central-Organ für die gewerblichen Vereine Deutschlands und insonderheit des Thür. Gewerbe-Verbandes. Beilage Für den Feierabend. 2. Jg., Nr. 32–44. Verlag von Th. Vorhauer, Mühlhausen 1880
   - U. d. Titel *Incognito.* In: Patriotischer Hausschatz. Unterhaltungsblätter für das deutsche Volk. 1. Jg., Heft 21–28. Verlag von A. Bergmann, Leipzig 1885
   - In der Buchausgabe Humoresken und Erzählungen (als zweite Erzählung). Verlag von H. G. Münchmeyer, Dresden 1902
   - Gleicher Titel Dresden-Niedersedlitz 1905
   - Gleicher Titel anonym Niedersedlitz-Dresden 1908

4. *Die drei Feldmarschalls. Bisher noch unbekannte Episode aus dem Leben des „alten Dessauers" von Emma Pollmer.*
In: Weltspiegel./Deutsche Boten. Illustrirte Zeitschrift zur Unterhaltung und Belehrung für Jedermann. 2. Jg., Nr. 37–42. Verlag von Kurt Wolf, Dresden 1878
Nachdrucke:
— U. d. Titel *Dreifach gefangen.* U. d. Pseudonym *Karl Hohenthal.* In: All Deutschland!/Für alle Welt! Illustrirtes Hausblatt. 4. Jg., Heft 18–19. Verlag von Göltz & Rühling, Stuttgart 1880
— U. d. Namen *Karl May.* In: Bachem's Novellen-Sammlung. Eine belletristische Haus- und Fammilien-Bibliothek. Bd. 32. Verlag von J. P. Bachem, Köln 1888 (Nachauflage 1893)

5. *Der Pflaumendieb. Humoristische Episode aus dem Leben des alten Dessauers von Karl Hohenthal.* In: All Deutschland!/Für alle Welt! Illustrirtes Hausblatt. 4. Jg., Heft 1–3. Verlag von Göltz & Rühling, Stuttgart 1879
Nachdrucke:
— U. d. Titel *Incognito.* U. d. Namen *Karl May.* In: Deutsche Gewerbeschau. Central-Organ für die gewerblichen Vereine Deutschlands. Beilage Für den Feierabend. 5. Jg., Nr. 1–8. Verlag Wilhelm Hoffmann, Dresden 1883
— U. d. Namen *Dr. Karl May.* In: Der Reichsbote. Illustrirtes Familienblatt für Stadt und Land. 1. Jg., Nr. 1–8. Verlag von F. E. Fischer, Leipzig 1886

6. *Der Scheerenschleifer. Originalhumoreske von Karl Hohenthal.*
In: Für alle Welt! Illustrirtes Hausblatt. 5. Jg., Nr. 1–10. Verlag von Göltz & Rühling, Stuttgart 1880

7. *Fürst und Leiermann. Eine Episode aus dem Leben des „alten Dessauer". Von Karl May.*
In: Großer Volks-Kalender des Lahrer Hinkenden Boten für das Jahr 1882. Verlag von J. H. Geiger (Moritz Schauenburg), Lahr 1881
Buchausgabe:
Volksbibliothek des Lahrer Hinkenden Boten, Nr. 7–9. Verlag von Moritz Schauenburg, Lahr 1884 (2 Nachauflagen o. J.)

8. *Ein Fürst-Marschall als Bäcker. Humoristische Episode aus dem Leben des „alten Dessauers" von Karl May.*
In: Deutsche Gewerbeschau. Central-Organ für die gewerblichen Vereine Deutschlands. Beilage Für den Feierabend. 4. Jg., Nr. 1–18. Verlag von Wilhelm Hoffmann, Dresden 1882

9. *Der Amsenhändler. Humoristische Episode aus dem Leben des alten Dessauers von Karl May.*
In: Münchmeyer's illustrirter Haus- und Familien-Kalender für das Jahr 1884. Verlag von H. G. Münchmeyer, Dresden 1883
Nachdrucke:
— U. d. Titel *Ein Stücklein vom alten Dessauer. Humoristische Episode aus dem Leben des Herzogs Leopold von Anhalt.* In: Novellenschatz zur Allgemeinen Unterhaltungs-Bibliothek. Bd. 10–12. Verlag von H. G. Münchmeyer, Dresden 1900
— In den Bauchausgaben Humoresken und Erzählungen (1902, 1905, 1908; Angaben vgl. unter 3) u. d. Titel *Ein Stücklein vom alten Dessauer. Humoristische Episode aus dem Leben des alten Dessauer.* (als dritte Erzählung)

10. *Pandur und Grenadier. Eine heitere Episode aus ernster Zeit von Karl May.*
In Deutsche Gewerbeschau. Central-Organ für die gewerblichen Vereine Deutschlands. Beilage Für den Feierabend. 5. Jg., Nr. 13–20. Verlag von Wilhelm Hoffmann, Dresden 1883

## II. Literatur zum Thema

Die Zusammenstellung enthält die benutzte Literatur und einige Titel (Forst-Battaglia, Lowsky, Prüfer, May-Militaria, Schmid, Schmidt, Stolte) mit unterschiedlichen Wertungen zu den Dessauer Humoresken, die im Rahmen unserer Arbeit aber unkommentiert bleiben mußten.

Aus den Jahrbüchern der Karl-May-Gesellschaft (Jb-KMG; Hamburg 1970–1981, Husum 1982 ff., bisher 20 Bände), Mitteilungen der Karl-May-Gesellschaft Nr. 1 ff. (M-KMG; Hamburg 1969 ff., bisher 86 Hefte) und den Karl-May-Jahrbüchern (KMJ; Breslau 1918–1919, Radebeul 1920–1933, Bamberg/Braunschweig 1978–1979, 18 Bände) werden nur die zur Thematik wichtigen Beiträge genannt. Etliche Detailinformationen fanden wir darüber hinaus in weiteren Arbeiten dieser Periodika. Viele wertvolle Informationen lieferten uns auch Dokumente aus dem Museum für Stadtgeschichte Dessau.

Nicht aufgenommen wurden Zeitungsartikel. Schriften von Klara May sind im Anschluß zusammengestellt.


Der alte Dessauer, Ein deutsches Volksbuch. Leipzig 1844

Bartsch, Ekkehard: *Und Friede auf Erden!* / Entstehung und Geschichte. In: Jb-KMG 1972/73, S. 93 ff.

Carion, Franz Der alte Dessauer. Historischer Roman. Leipzig 1867

Engelmann, Horst u. a.: Kurze Geschichte der Stadt Dessau – Beiträge zur Stadtgeschichte – Heft 9. Dessau o. J. (1988)

Erfurth, Helmut / Reichhoff, Lutz: Dessauer Veduten. Ansichten aus fünf Jahrhunderten Teil 1, Beiträge zur Stadtgeschichte – Heft 8. Dessau 1988.

Erstdrucke Karl Mays in Faksimile-Ausgaben, Serie VII. Hamburg 1974

Forst-Battaglia, Otto: Karl May / Traum eines Lebens – Leben eines Träumers. Bamberg 1966

Gästebuch des Schwefelbades Grünthal für die Zeit vom 5. 4. 1898 bis 30. 11. 1926 (unveröffentlicht)

Groehler, Olaf: Leopold I. / Fürst von Anhalt-Dessau / Preußischer Generalissmus / Kaiserlicher Feldmarschall. Beiträge zur Stadtgeschichte – Heft 5. Dessau o. J. (1987)

Groehler, Olaf / Erfurth, Helmut: Der Alte Dessauer. Berlin 1991

Heermann, Christian: Der Mann, der Old Shatterhand war. Eine Karl-May-Biographie. Berlin 1988

Heinemann, Erich: Dr. Karl May in Gartow. In: Jb-KMG 1971, S. 259 ff.

Hinnrichs, Fr.: Eine Studienreise Karl Mays. In: KMJ 1924, S. 334 ff.

Hirsch, Erhard: Dessau-Wörlitz, Aufklärung und Frühklassik. Leipzig 1985

Hirsch, Erhard: Experiment Fortschritt & Praktizierte Aufklärung / Franz von Anhalt-Dessau zum 250. Geburtstag. Dessau 1990

50 Jahre Karl-May-Verlag. Bamberg (1963)

Karl-May-Handbuch. Stuttgart 1987
Karl Mays Bücherei. In: KMJ 1931, S. 212 ff.
Kisch, Egon Erwin: Im Wigwam Old Shatterhands. In: Gesammelte Werke in Einzelausgaben, Band 5. Berlin und Weimar 1974, S. 313 ff.
Klußmeier, Gerhard / Plaul, Hainer: Karl May. Biographie in Dokumenten und Bildern. Hildesheim / New York 1978
Lebius, Rudolf: Die Zeugen Karl und Klara May. Ein Beitrag zur Kriminalgeschichte unserer Zeit. Berlin-Charlottenburg 1910
Linkemeyer, Gerhard: Was heute noch möglich ist / Erinnerungen und Legenden aus Karl Mays Familie. In: M-KMG 66/1985, S. 3 ff.
Lorenz, Christoph F.: Landesherr und Schmugglerfürst. Eine Rezensionsabhandlung zu den Erzählungen Karl Mays in der Zeitschrift ‚Für alle Welt' (= ‚All-Deutschland') in den Jahren 1979 und 1980. In: Jb-KMG 1981, S. 360 ff.
Lowsky, Martin: Karl May. Stuttgart 1987
Maschke, Fritz: Bausteine zur Klara-May-Biographie. In: KMJ 1978, S. 247 ff.; KMJ 1979, S. 220 ff.
Maschke, Fritz: Karl May und Emma Pollmer / Die Geschichte einer Ehe. Bamberg 1973
May, Karl: Der alte Dessauer. Humoresken. Radebeul 1921 / Bamberg 1968
May, Karl: *Frau Pollmer, eine psychologische Studie.* Erstveröffentlichung aus dem Nachlaß. Bamberg 1982
May, Karl: *Mein Leben und Streben.* Vorwort, Anmerkungen, Nachwort, Sach-, Personen- und geographisches Namenregister von Hainer Plaul. Hildesheim / New York 1975
(May, Karl): *Repertorium C. May.* Erstveröffentlichung aus dem Nachlaß in: Jb-KMG 1971, S. 132 ff.
May, Karl: *Unter den Werbern.* Seltene Originaltexte – Band 2. Reprint der Karl-May-Gesellschaft. Hamburg 1986
May, Karl: *Der Waldkönig.* Erzählungen aus den Jahren 1879 und 1880. Reprint der Karl-May-Gesellschaft. Hamburg 1980
May – Militaria. Sonderheft der KMG Nr. 13. Hamburg 1978
Plaul, Hainer: Illustrierte Karl-May-Bibliographie. Leipzig 1988
Plaul, Hainer: Redakteur auf Zeit. Über Karl Mays Aufenthalt und Tätigkeit von Mai 1874 bis Dezember 1877. In: Jb-KMG 1977, S. 114 ff.
Prüfer, Fritz: Das Volksbuch vom „alten Dessauer". In: KMJ 1922, S. 208 ff.
Ranfft, Michael: Leben und Thaten Des letzt verstorbenen weltberühmten Fürsten Leopolds von Anhalt-Dessau . . . Dritte und vermehrte Auflage. Frankfurt 1750
Schmid, E.: Karl May und der „alte Dessauer". In: KMJ 1918, S. 254 ff.
Schmidt, Arno: Abu Kital. Vom neuen Großmystiker. In: Arno Schmidt: Das essayistische Werk zur deutschen Literatur in 4 Bänden / Sämtliche Nachtprogramme und Aufsätze / Band 4. Zürich 1988, S. 125 ff.
Schroetter, Freiherr von: Fürst Leopold von Anhalt-Dessau. Berlin 1895
Siebigk, Ferdinand (Hg.): Selbstbeographie des Fürsten Leopold von Anhalt-Dessau von 1676 bis 1703. Dessau 1860
Stolte, Heinz: Der Volksschriftsteller Karl May. Beitrag zur literarischen Volkskunde. Radebeul 1936
Streißler, Friedrich: Der alte Dessauer. Ein Thatenleben. Stuttgart o. J.
Varnhagen von Ense, Karl August: Biographische Denkmale. Zweiter Theil. Dritte vermehrte Auflage. Leipzig 1872
Witzleben, August von: Culturgeschichtliches aus dem Leben des Fürsten Leopold von Anhalt-Dessau. In: Mitteilungen des Vereins für Anhaltische Geschichte und Alterthumskunde. Erster Band, Heft 5. Dessau 1876
Würdig, L.: Leopold Fürst zu Anhalt-Dessau. Dessau 1860 (2. Auflage Berlin 1903)

## III. Klara-May-Bibliographie

(chronologisch)

Tagebuch 1902–1916. (unveröffentlicht)
Bunte Bilder aus Karl Mays Leben. In: KMJ 1918, S. 64 ff.
Old Shatterhand und Buffalo Bill. In: KMJ 1918, S. 201 ff.
Omar Hassan. In: KMJ 1919, S. 205 ff.
Das Geburtshaus meines Mannes. In: KMJ 1919, S. 330 ff.
Winnetous Testament. In: KMJ 1920, S. 89 ff.
Marah Durimeh. Wie hätte Karl May die Fortsetzung von „Jenseits" und „Ardistan und Dschinnistan" gestaltet? In: KMJ 1921, S. 115 ff.
In den Ruinen von Baalbek und Palmyra. In: KMJ 1922, S. 89 ff.
In Konstantinopel. In: KMJ 1923, S. 131 ff.
Am Grabe Beecher-Stowes. In: KMJ 1924, S. 162 ff.
Die Niagara-Fälle. In: KMJ 1925, S. 92 ff.
Rosen aus dem Süden. In: KMJ 1926, S. 354 ff.
Sklaverei im Orient. In: KMJ 1927, S. 301 ff.
Ein Besuch im Harem. In: KMJ 1928, S. 387 ff.
El Kahira. In: KMJ 1929, S. 279 ff.
Der Weißbrot-Araber. In: KMJ 1930, S. 490 ff.
Mit Karl May durch Amerika. Radebeul o. J. (1931)
Ägyptens Königsgräber. In: KMJ 1931, S. 472 ff.
Karl Mays Hund Cherry. In: KMJ 1932, S. 466 ff.
Karl May zwischen Morgen und Abend. In: KMJ 1933, S. 23 ff.
Unter dem Hakenkreuz um die Welt. In: Freiheitskampf, Dresden 1934, passim
Die Lieblingsschriftsteller Karl Mays. Mit Anmerkungen von Hans Wollschläger. In: Jb-KMG 1970, S. 149 ff.

## Herzlicher Dank

gebührt den unermüdlichen Forschern Erich Heinemann (Hildesheim), Gerhard Klußmeier (Rosengarten), Hartmut Kühne (Hamburg), Christoph F. Lorenz (Düsseldorf), Herbert Meier (Hemmingen), Hainer Plaul (Berlin) und Roland Schmid (Bamberg) für ihre Arbeiten zur Erschließung von Karl Mays Geschichten über den Alten Dessauer, die uns zur Verfügung standen. Durch freundliche Unterstützung mit Auskünften, Materialien und Bildern trugen Helmut Erfurth (Dessau), Olaf Groehler (Berlin) und Hans-Joachim Mellies (Dessau) zu dieser Publikation bei. Auch dafür sagen wir aufrichtigen Dank.

*Bildnachweis*

Jörg-M. Bönisch, Leipzig (1);
Walter von Erckert, Gotha (1);
Wolfgang Hallmann, Hohenstein-Ernstthal (2);
Karl-May-Gesellschaft, Hamburg (6);
Gerhard Klußmeier, Rosengarten (3);
Hans-Joachim Mellies, Dessau (4);
Museum für Stadtgeschichte, Dessau (15);
Dr. Hainer Plaul, Berlin (8);
Emil Theiß, Dessau (1).
Alle anderen Bildvorlagen Archiv des Autors.

# Ein Stücklein vom alten Dessauer.

Humoreske von Karl May.

„Der Herr Hauptmann soll eintreten!" sagte der Kammerdiener und öffnete dem Offiziere, welcher schon längere Zeit im Vorzimmer gewartet hatte, die Thür.

An einem Tische, auf welchem ein großes Schwarzbrod, Butter, Käse, Wurst und Schinken in sehr reicher Quantität zu erblicken war, saß kauend der Fürst, ließ einen riesigen Bissen nach dem andern unter dem gewaltigen Schnurbarte verschwinden und langte dabei fleißig nach dem Glase, um durch einen kräftigen Schluck Bieres die Verdauung zu befördern. Er befand sich augenscheinlich in rosiger Laune; denn auf den militairisch ehrerbietigen Gruß des Eingetretenen erwiederte er mit behaglichem Knurren:

„Hat Er Appetit?"

„Danke, Durchlaucht!"

„Dummheit! Bedanke Er sich, wenn Er fertig ist. Hergesetzt! Zugegriffen! Das Zeug ist zwar nicht vom Zuckerbäcker; aber Er wird wohl nicht gleich dran sterben."

Der Hauptmann kannte den alten Knasterbart zu genau, um zu zögern oder viele Complimente zu machen. Er setzte sich an den Tisch und griff wacker zu, was die gute Stimmung des Fürsten merklich erhöhte.

„Ist er schon 'mal in Wahlsdorf gewesen?"

„Nein."

„So kennt er auch den Amtmann Hiller nicht?"

„Näher nicht; aber ich habe ihn gesehen, als er in Ew. Durchlaucht Abwesenheit hier war, um sich vorzustellen."

„So. Werden ihn kennen lernen. Bin sonst kein Freund von dergleichen Leuten; scheint es aber gut mit uns zu meinen. Da lese Er!"

Er schob dem Hauptmanne einen Brief hin, welcher von den Fettflecken, die von den Fingern des Fürsten herrührten, vollständig durchsichtig geworden war.

„Was sagt Er zu dem langen Geschreibsel?"

„Hm! Solche Leute sind zu gebrauchen, zumal da —" erschrocken hielt er inne; denn eben war er im Begriffe gewesen, durch eine unvorsichtige Aeußerung den Alten an Etwas zu erinnern, woran dieser nur mit Grimm zu denken pflegte.

„Nur immer weiter! Wer einmal den Schnabel aufthut, der darf ihn auch nicht eher wieder zuklappen, als bis der Sermon zu Ende ist. Er meint wohl die Geschichte von dem sakkermentschen Rheinländer, der uns mit seinen sieben Fuß sechs Zoll davon gelaufen ist? Den kriegen wir wieder. Ich weiß ganz genau, daß der Himmelhund noch nicht über die Grenze ist, und Gott genade ihm, wenn er sich packen läßt. Will er den Fang in Wahlsdorf übernehmen?"

„Zu Befehl, Durchlaucht!"

„So. Da wird Er — Na, was zum Teufel giebts denn schon wieder?" wandte er sich an den eintretenden Lakaien.

„Es ist ein Mann draußen, der Ew. Durchlaucht dringend zu sprechen verlangt."

„Jage den Kerl fort; hab' keine Zeit!"

„Das habe ich ihm schon gesagt; aber er meinte, ich solle nur seinen Namen nennen, so würde Durchlaucht schon Zeit haben."

„Sei kein Esel. Jetzt könnte meinetwegen der Großmogul kommen; er müßte wieder fort. Wie heißt denn der Mann?"

„Schmidt aus Wahlsdorf. Er hat nur einen Arm."

„Himmelement, das ist ja der Schockschwerenöther, der — na, das ist 'was Anderes. Lasse ihn 'rein!"

Durch die sofort geöffnete Thür trat ein Mann von so riesigen Dimensionen, daß er sich fast bücken mußte, um in das Zimmer zu gelangen. Er trug die Kleidung des gewöhnlichen armen Landbewohners und blieb nach den ersten drei Schritten in strammer kerzengrader Haltung stehen.

„Schmidt, Hallunke, ich lasse Dich Spießruthen laufen, daß Du nicht längst 'mal gekommen bist. Hab' Dirs ja gesagt, dazumal, als Du mich herausgehauen hattest, daß Du an mich denken sollst, wenn Dich 'mal der Schuh drückt. Da aber ist der Schlingel stolz geworden und hat gar nicht an den Leopold gedacht, der ihm das Leben zu verdanken hat." —

„Donnerwetter, Durchlaucht; das ist nicht wahr! Ich habe alle Stunden an Euch gedacht und bin nur deßhalb noch nicht gekommen, weil mich der Schuh bisher noch nicht gedrückt hat."

„Aber jetzt brauchst Du wohl Seitenflecke, hm?"

„Möglich, und dazu einen Schuster, der sie mir aufflickt."

„Und dieser Schuster soll ich wohl gar sein, alter Commisknopf?" lachte der Fürst, der ganz sichtlichen Wohlgefallen an dem Wesen und der Ausdrucksweise des Mannes fand. „Also in Wahlsdorf wohnst Du jetzt?"

„Mit Eurer Erlaubniß, Durchlaucht."

„Kennst Du da den Amtmann Hiller?"

„Freilich kenne ich ihn, und gerade seinetwegen komme ich heut nach Dessau."

„Seinetwegen? Mord und Todtschlag, da bist wohl gar Du der Schmidt, von dem er mir einen meilenlangen Schreibebrief geschrieben hat?"

„Ich bin bei uns der einzige Schmidt. Hat er von mir geschrieben, Durchlaucht? fragte der Mann, indem seine ehrlichen und offenen Züge eine gewisse Besorgniß ausdrückten.

„Freilich! Hast Du einen Sohn?"

„Ja."

„Der so lang und stark ist wie Du?"

„Nicht ganz so," lautete die Etwas ängstliche Antwort. —

„Und morgen habt Ihr Kirmeß?"

„Allerdings."

„So, so, so," dehnte der Fürst und warf einen nachdenklichen Blick auf den wieder zur Hand genommenen Brief. „Was hast Du mit dem Amtmanne?"

„Der Wiesenbauer ist der reichste Mann im Dorfe und Annemarie, seine Tochter, hat sich mit meinem Jungen, dem Wilhelm, lieb gehabt schon seit langer, langer Zeit. Er hat die beiden Leutchen gehen lassen; denn ich habe mir aus den Niederlanden, wo ich damals mit Ew. Durchlaucht war, ein hübsches, rundes Sümmchen mitgebracht; und Wilhelm ist ein statiöser Bursche, mit dem sich kein Mädel zu schämen braucht und fleißig und ehrlich dazu. Da aber hat vor zwei Jahren Hiller das herrschaftliche Gut in Pacht genommen, ist dadurch Amtmann und die einflußreichste Person der Umgegend geworden. Sein Sohn, der Eduard, ist ein schöner Kerl, grad so groß wie ich, und die Mädels sind hinter ihm her, wie die Flöhe hinter den Flanellröcken. Daß er leicht und lüderlich ist, das sehen sie nicht, und so giebt es fast nur eine Einzige, die ihn nicht ästimirt. Das ist die Annemarie, und grad auf die hat er es abgesehen. Sein Vater ist natürlich nicht müßig gewesen, den Wiesenbauer gehörig zu bearbeiten, und das hat auch Erfolg gehabt; aber mit dem Mädchen haben sie doch nichts machen können. Sie mag von keinem Andern als dem Wilhelm 'was wissen, obgleich ihr der Umgang mit ihm verboten ist, und so hat ihr Vater schließlich ein Machtwort gesprochen und bestimmt, daß morgen Abend Verlobung sein soll. Da kommen eine Menge Verwandte und sonstige Gäste, und der Teichbauer hat also die beste Gelegenheit, zu zeigen, wie es in seinem Sacke aussieht."

„Sapperment, also deßhab schreibt mir der Hiller, daß Dein Junge ein ganzer Gardegrenadier sei, und wenn ich morgen Abend einen Trupp Buntröcke schicken wolle, so könnte ich ihn und noch ein ganzes Schock anderer Riesen vom Tanzboden wegkapern? Der Galgenstrick meint also, mich als Werkzeug für die Erreichung seiner miserablen Absichten gebrauchen zu können; aber da soll ihm doch ein heiliges Wetter dreinschlagen! Hahaha, so ein lumpiger Bauer, dem ich aus Gnade und Barmherzigkeit das Gut in Pacht gegeben habe und dem nun die Glatze brennt, weil er alle sechszehn Jahre für einen halben Pfennig Tinte verkleckst, glaubt, mich in der Hand zu haben wie einen Zappelmann, der auf den leisesten Ruck an der Schnur zu tanzen anfängt. Warte, Coujon; ich werde selbst kommen, morgen, und Dich so bei dem Faden nehmen, daß Du die Hände über den Kopf zusammen schlagen sollst! Hat der Kerl vielleicht sonst noch was auf der Kreide, he?"

„Das ist nicht meine Sache, Durchlaucht. Ich komme nicht, um den Mann schlecht zu machen, sondern will blos bitten, mir einen Rath zu geben, auf welche Weise ich meinem Jungen sein Madel erhalte."

„Halts Maul, alter Sünder! An einem Rathe würde Dir verteufelt wenig gelegen sein, und am Liebsten würdest Du es sehen, wenn ich den Freiersmann machen wollte. Hab ich recht?"

„Durchlaucht!“

„Na, laß gut sein! Hab Dir das Leben zu verdanken und werde Dir also den Gefallen thun, obgleich ich zu solchen Dingen eigentlich keine Zeit habe. Aber ich weiß auch, wie es thut, wenn man eine nicht kriegen soll, die man doch zu gern haben will, und da muß ich 'mal 'nen Trunk über den Durst thun und sehen, wie das Ding aufgeklebt werden muß. Hol Dir dort den Stuhl, setz Dich her und beiß mit an. Du mußt die ganze Nacht gelaufen sein und wirst Hunger haben.“

„Ich kann doch unmöglich wagen —“

„Larifari! Wenn Dirs nicht paßt, lässest Du es stehen; ich springe deßhalb nicht ins Wasser; aber wenn Du kein Esel bist, so langst Du zu. Hier hast Du's umsonst, und wo anders mußt Du's bezahlen!“

Schmidt zögerte nicht länger, und bald saß das ungewöhnliche Kleeblatt in ein eifriges Gespräch vertieft, am Schlusse dessen sich der Fürst erhob und die beiden Anderen mit den Worten verabschiedete:

„So, mm macht, daß Ihr fortkommt; ich habe noch mehr zu thun. Also morgen komme ich zur Kirmeß, und da mich weder der Hiller noch ein Anderer aus dem Dorfe gesehen hat, so werde ich wohl nicht vor der Zeit erkannt werden. — — —

Am frühen Morgen des andern Tages schritt auf dem Vicinalwege, welcher von Bucko nach Wahlsdorf führt, rüstigen Fußes ein Handwerksbursche dahin. Es war ein langer, breitschultriger Kerl mit schwarzem Schnurwichs und dunklen Augen, welche mit scharfem Blicke die rechts und links am Wege liegenden Felder musterten.

Er trug eine blauleinene Blouse, vielfach geflickte Hosen und eine alte, verschossene Soldatenmütze. Die Stiefel waren beschmutzt, und das Felleisen, welches er über den breiten Rücken geschnallt hatte, war so hochbetagt, daß es mehr Jahre zählte, als es Haare besaß.

Trotzdem er jedenfalls schon einen bedeutenden Marsch hinter sich hatte, war seiner soldatisch aufrechten Haltung nicht die geringste Ermüdung anzumerken, und wie er so dahinschritt, den mächtigen Knotenstock in der rechten Faust schwinkend, hätte wohl Niemand mit ihm anzubinden sich getraut.

Aber je näher er dem Dorfe kam, desto mehr beugte sich sein Nacken und desto langsamer wurde sein Gang, und als die ersten Häuser aus dem Grün hervorschimmerten, glich er vollständig einem „armen Reisenden“, der gewohnt ist, um des Leibes Nahrung und Nothdurft zu „fechten“. Plötzlich blieb er stehen und blickte über einen Zaun hinüber in den Garten, welcher denselben einfaßte.

„Maschallah!“ würde ein Muhamedaner rufen, wenn er diese riesengroßen Pflaumen sähe, die am am Boden liegen. Weil ich aber kein solcher Türkenhund bin, so lasse Allah auf der Straße sitzen und steige über den Zaun, um zu sehen, wie das Zeug schmeckt. Man kriegt doch einen verteufelten Appetit, wenn man eine solche Fußtour macht!“

Mit einem leichten Sprunge war er über das Stacket, warf Ranzen und Stock von sich und setzte sich in das Gras, um die vom Nachtwinde abgeschüttelten Pflaumen zu kosten. Sie schienen ihm zu munden; dem, ohne zu beachten, daß seine Kleidung von dem thaugetränkten Grase ganz durchnäßt wurde, fuhr er so eifrig in seiner Beschäftigung fort, daß er den Mann nicht bemerkte, welcher sich leise heranschlich und ihn endlich mit einem raschen Griffe beim Kragen packte.

„Habe ich Dich endlich 'mal, Spitzbube? Alle Morgen, wenn ich in den Garten komme, sind mir die Pflaumen gestohlen, und ich habe das Nachsehen und den Aerger; heut aber kommst Du mir nicht davon!"

Ruhig griff der Ertappte in das Gras und führte mit der größten Seelenruhe ein wirklich prachtvolles Exemplar der süßen Früchte dem unter dem Schnurrbarte befindlichem Loche zu.

„Ereifert Euch nicht Herr! Einem Paar Pflaumen wegen ist noch Niemand gehängt worden. Ich habe ungefähr drei Mandel gegessen. Was kosten sie?"

„Er ist nicht gekommen, um zu kaufen, sondern um zu stehlen, sonst wäre er nicht über den Zaun gesprungen. Es kann also von keinem Preise die Rede sein, und ich muß ihn arretiren. Komme er mit. Vorwärts!"

„Na, na, nur sachte. Soll ich einmal eingewickelt werden, so kommt es auf ein Dutzend mehr oder weniger nicht an. Wartet also, bis ich die Taschen voll habe!"

Sich niederbückend, füllte er eine Tasche nach der andern, lächelte bei dem Raisomements des erbosten Gartenbesitzers heimlich in sich hinein und war nicht eher zum Fortgehen zu bewegen, bis er keinen Kern mehr hätte zu sich stecken können.

„So, jetzt bin ich fertig! Aber nun sagt mir auch, wer Ihr seid; denn ich kann mich doch nicht von jedem hergelaufenen Grasaffen arretiren lassen."

„Wahre Er sein Mundwerk, Er Vagabond, sonst lasse ich Ihm fünfundzwanzig aufzählen! Ich bin der Amtmann Hiller und werde Ihm zeigen, was es heißt, in einen fürstlichen Garten einzudringen."

„Vagabond? Es sollen Ihn doch gleich neunundneunzig Donnerwetter treffen, wenn Er dieses Wort noch einmal in sein Schandmaul nimmt. Da hat er mein Wanderbuch, in welchem er nachsehen kann, ob ich ein Vagabond bin."

„Dazu ist nachher Zeit; seine Reden aber merke Er sich. Also vorwärts!"

Der Handwerksbursche schritt, immer in die Taschen greifend und mit vollen Backen kauend, voran; der Amtmann folgte und bewachte jede Bewegung seines Arrestanten, damit er ihm nicht etwa davonlaufe. Dieser aber schien an Flucht gar nicht zu denken, besah sich gemüthlich die Gegenstände, an denen sie vorüberkamen, schritt über den Hof und den Flur nach der Thür des Wohnzimmers und meinte, dieselbe öffnend:

„Hier herein wirds wohl vor der Hand gehen. Aber machts kurz; ich bin müde."

Die anwesenden Knechte und Mägde musterten mit neugierigen Blicken die Gestalt des Fremden und steckten dann lachend die Köpfe zusammen.

„Hans, rufe 'mal den Wächter!" befahl Hiller und zog dann, sich setzend, das Wanderbuch hervor. Der Eigenthümer desselben holte sich ebenfalls einen Stuhl herbei und ließ sich behaglich auf denselben nieder.

„Daraus wird Nichts; stehe Er nur getrost wieder auf; ein Inculpat hat sein Urtheil stehend zu vernehmen!"

„Sapperlot, was Ihr für ein großer Herr seid, Amtmann! Aber zu einem Richter habt Ihr doch verteufelt wenig Geschick. Giebt es denn nicht irgend einen Winkel in diesem Hause, wo Ihr ungestört und mit der nöthigen Würde Eure Gänsekiele kauen könnt, oder muß unsere Sitzung hier in dieser Höhle abgehalten werden, wo Hinz und Kunz und Hanne und Sophie einander die Nasen putzen, he?"

„Schweige Er!" donnerte Hiller aufspringend. „Er macht sich außer des Diebstahles noch der Injurie schuldig, und ich werde ein Exempel an Ihm statuiren. Jörge," fuhr er zu dem eben eintretenden Wächter gewandt, fort; „schaffe diesen Menschen in das Gefängniß und sorge dafür, daß er nicht entspringt."

„Na, den würde ich wohl nicht erst um Erlaubniß bitten, wenn ich in die Lappen gehen wollte," antwortete der Handwerksbursche und schritt von dem Helden der öffentlichen Sicherheit gefolgt, zur Thüre hinaus. Draußen auf der Straße wandte er sich um.

„Wo ist denn das Loch, in welches ich kriegen werde?"

„Ja, ein besonderes Gefängniß giebt es hier gar nicht; Er wird also ins Spritzenhaus gesteckt."

„Wo ist das?"

„Ganz unten im Dorfe."

„So; Er kann mir wohl meinen Ranzen tragen, was?"

„Fällt mir im ganzen Leben nicht ein. Die Leute dächten am Ende gar, ich hätte nicht Ihn, sondern Er hätte mich arretirt."

„Was die Leute denken, das muß Ihm egal sein. Da hat Er ein Trinkgeld, und hier ist der Tornister."

Als der Wächter das Geldstück sah, griff er schnell nach dem Felleisen.

„Na, geb Er her. Einmal geht es schon; die Nachbarn wissen ja, wer ich bin."

„Freilich; aber höre Er, ist das dort ein Wirthshaus?"

„Ja."

„Da müssen wir 'mal 'reingehen! Ich habe mir mit den Pflaumen den Magen verkältet und muß 'was Warmes haben."

„Das ist nicht erlaubt. Ich habe Ihn in's Spritzenhaus aber nicht in das Wirthshaus zu schaffen."

„Das weiß ich, und ich werde auch mit Ihm gehen. Vorher aber muß ich eine Suppe haben. Dabei bleibts!"

„Aber ich werde abgesetzt, wenn ich mit Ihm gehe!"

„So spaziere Er vornweg und setze Er sich meinetwegen mit dem Ranzen auf den alten Klystierkasten, bis ich nachkomme."

Furchtsam die Hühnengestalt des Sprechenden messend, legte der Bedrängte sich auf das Bitten. Aber es half Nichts; er mußte mit in die Gaststube treten.

Trotzdem es noch früh am Tage war, saßen doch schon einige Gäste an den Tischen. Es war ja Kirchweih, und heut konnte man also schon am Vormittage trinken, ohne für lüderlich gehalten zu werden. Die beiden Eingetretenen wurden nicht sehr beachtet. Den Wächter kannte man, und da derselbe das Felleisen des

Andern trug, so hielt man Letzteren für einen Bekannten von ihm und ließ sich durch ihre Anwesenheit nicht im Gespräche stören.

Der Gegenstand desselben war der Amtmann, und Einer der Leute setzte seine angefangene Rede fort:

„Er ist ein Schlaukopf durch und durch und weiß seine Stellung auszunützen. Bei ihm gilt das Geld mehr als das Recht; das kann man fast täglich sehen, und die Felder zieht er so aus, daß sein Nachfolger 'mal zehn Jahre lang arbeiten muß, um sie zu ihrer früheren Ergiebigkeit zu bringen."

„Da hast Du Recht, und wie mit den Feldern, so ist es auch in jeder andern Beziehung. Denkt nur an die Schmidts. Wie hat er sie nicht bei jeder Gelegenheit coujonirt und ihnen das Leben so sauer wie möglich gemacht, damit der Wilhelm freiwillig zurücktreten möge, und wie hat er nicht den alten Wiesenbauer bearbeitet, um ihn auf seine Seite zu bekommen! Es ist eine wahre Schande. Das Mädel geht umher wie ein Schaden, und der Wilhem muß seinen Muth hinunterschlucken und darf sich nicht muxen."

In dieser Weise wurde das Sündenregister Hillers aufgedeckt, und der Arrestant hatte die beste Gelegenheit, den Charakter seines Richters kennen zu lernen. Jedes Wort prägte sich seinem Gedächtnisse ein, und als das Gespräch ein anderes Thema berührte, fragte er seinen Wächter:

„Ist das Alles wahr, was die Leute da erzählt haben?"

„Ob's wahr ist oder nicht, das geht Ihm doch Nichts an. Bekümmere er sich lieber um sein Essen, damit wir fortkommen!"

„Na, wahr muß es doch sein; denn wenn der Diener so ein Erzgrobian ist, was mag da erst der Herr für ein Kerl sein! Trinke Er aus, ich bin neugierig, wie es in dem Spinnenneste aussieht, wo ich campiren soll."

Sie schritten mit einander das Dorf hinab, und da sich mittlerweile die Kunde verbreitet hatte, daß man einen Pflaumendieb gefangen habe, so öffneten sich zu beiden Seiten die Fenster, an denen man neugierige Köpfe erblickte, und bald hatte sich ein Heer von Jungens und Mädchens angesammelt, welche den Gefangenen mit lautem Geschrei verfolgten. Das „Spritzenhaus" lag in der Mitte des Dorfes; es war aus festen Steinen errichtet, mit Ziegeln gedeckt und mit einer starken Thür versehen, welche zum Schutze gegen die zudringliche Jugend durch mehrere Vorlegeschlösser und Riegel verwahrt und mit Eisenblech beschlagen war.

Das Gebäude eignete sich sonach allerdings im Nothfalle zum Gefängnisse, und es mochte wohl schon mancher Strolch zwischen den vier engen Mauern Denkübungen gehalten haben. Als sie sich ihm näherten, erblickten sie den Amtmann, welcher als Spitze der Ortspolizei und richterliche Größe gekommen war, um sich zu überzeugen, daß seinem Befehle Folge geleistet worden sei. Er war nicht wenig erstaunt, den Delinquenten noch nicht hinter Schloß und Riegel zu sehen und empfing den Polizisten mit höchst ungnädigen Blicken.

„Wo hat Er sich denn nur in aller Welt herumgetrieben, daß Er erst jetzt kommt?"

„Macht keinen Sums, Amtmann! Ihr seht, daß wir unterwegs nicht gefressen worden sind, und das muß Euch beruhigen. Jetzt aber schließt die Budike auf, damit ich den Krawall los werde, den Eure liebe Jugend da vollführt."

Mit vieler Mühe öffnete der Wächter die Thür und ließ den Handwerksburschen zuerst eintreten. Dann folgte er und auch der Amtmann schritt durch die Thüröffnung, um sich über die Zuverlässigkeit des Arrestlokales zu unterrichten. Kaum aber hatte er die ersten Schritte gethan, so krachte es hinter ihm, daß das alte Gebäude erzitterte, und tiefes Dunkel herrschte in dem dumpfigen Raume. Seinen Pflichten als Arrestant uneingedenk, hatte der Gefangene nämlich die Gelegenheit abgepaßt, war rasch aus der Thüre getreten und gab sich jetzt Mühe, die Riegel wieder vorzuschieben und die Schlösser anzulegen. Als ihm das unter den Zornesrufen der beiden Geprellten gelungen war, steckte er die Schlüssel zu sich, zog eine Hand voll Kleingeldes aus der Tasche und rief, dasselbe unter die Jungens werfend:

„Da, greift zu, ihr Rangen; aber laßt mir die zwei Burschen nicht 'raus, die ich arretirt und da hereingesteckt habe. Und wenn sie etwa den Laden aufstoßen und die Nasen herausstecken, so müßt ihr ihnen Eins draufgeben. Verstanden?"

Unter dem beistimmenden Jubelgeschrei des muthwilligen Volkes entfernte er sich, und schritt langsam und bedächtig, als habe er gar Nichts zu befürchten, das Dorf hinab. Vor einem kleinen, netten Häuschen, dessen Aeußeres auf Reinlichkeit und Ordnungsliebe der Bewohner schließen ließ, blieb er, an das Fenster klopfend, stehen. Sofort erschien Schmidt, welcher hier wohnte, an demselben.

„Ist Dein Sohn zu Hause?"

„Zu Befehl, Durchlaucht."

„Halte den Schnabel mit Deiner Durchlaucht! Ich will mir 'mal meine Felder ansehen; der Hiller soll teufelmäßig wirthschaften. Schicke den Jungen hinaus nach der großen Eiche; ich möchte ihn kennen lernen! Aber er mag 'was zu beißen einstecken; denn im Dorfe darf ich mich jetzt nicht mehr sehen lassen."

„Warum nicht?"

„Ich bin in die Pflaumen gerathen und habe zur Strafe dafür den Amtmann sammt seiner Polizeikreatur in Nummer Sicher gebracht. Da stecken sie nun und unterhalten sich mit den Schulbuben, die ich als Ehrengarde hinpostirt habe."

Behaglich lachend strich er sich den Bart und war dann bald hinter der Ecke des Hauses verschwunden.

Die erwähnte Ehrengarde blieb aber allerdings nicht lange in der Nähe des Spritzenhauses halten. Den Herrn Amtmann und nun gar den Wächter, welcher sie mit seinem Spieße oft in den besten Streichen gestört hatte, im „Loche" zu sehen, war für die wohlgerathenen Sprossen der Dorfbewohner ein wahres Gaudium. Diese Freude wollten sie nicht allein genießen, und kaum war der freigiebige Handwerksbursche ihren Augen entschwunden, so lief ein Jeder nach Hause, um die interessante Kunde zu verbreiten und so viel Personen wie möglich zusammenzutrommeln.

Bald standen auf dem freien Platze vor dem Spritzenhause die Menschen so dicht gedrängt, daß kein Apfel zur Erde hätte fallen können und die entgegengesetztesten Meinungen machten sich in lebhaften Ausrufen Luft.

„Wer steckt denn eigentlich da drin?" fragte Einer, der vom Felde kam und das Vorhergegangene nicht kannte.

„Der Herr Amtmann und der alte Jörg mit dem Spieße."

„I der Tausend, was thun sie denn mit 'nander im Reichskammergericht?"

„Der Amtmann instruirt den Jörg im Arretiren."

„Bewahre!" mengte sich ein Anderer drein, „sie halten nur 'mal Spritzenprobe."

„Fehlgeschossen! Der Jörg studirt ihm die Rede ein, die er heut Abend bei der Verlobung halten wird."

So flogen die boshaften Bemerkungen durch die Versammlung; aber ein Ende mußte die fatale Sache doch nehmen. Nach den öfters wiederholten Befehlen und Bitten Hillers kam der Schmied, um die Thür zu öffnen und die blamirte Gerichtsbarkeit aus ihrer Hölle zu erlösen. Die Eingesperrten verweilten natürlich nicht lange an dem Orte ihres Triumphes und machten sich so schnell wie möglich aus dem Staube. –

Es war am Abende. Die älteren Bewohner des Dorfes saßen mit ihren Kirmeßgästen plaudernd in der unteren Stube des Gasthauses, während die Jüngeren eine Treppe höher gestiegen waren, um sich bei Musik und Tanz zu erlustiren. Auch Jörg, der Polizist befand sich oben, um Kraft seines Amtes, jedem etwa ausbrechenden Unfuge zu steuern. Behaglich lehnte er in seiner Ecke und beobachtete die lustig sich tummelnde Gesellschaft. Da plötzlich riß er den Mund auf und starrte mit so entsetztem Ausdrucke nach der Thür, als sähe er ein Gespenst. Dort stand, die Arme über die breite Brust verschränkt, der Pflaumendieb von heut Morgen und blickte mit solcher Gemüthsruhe in das Treiben vor sich hin, als hätte er am Vormittage nicht ein entsetzliches Majestätsverbrechen begangen.

Rasch wandte sich Jörg durch die Menge und trat in ein Nebenzimmer, in welchem der Amtmann und der Wiesenbauer mit ihren Gästen und Familiengliedern Platz genommen hatten.

„Herr Amtmann, da draußen steht er vor der Thür. Rasch, ehe er uns wieder ausreißt!" rief er hastig.

„Wer denn?"

„Na, wer anders als der Kerl, der uns heut eingeschlossen hat!"

„So? Das geht doch über alle Frechheit! Wart Bursche, Dich will ich kriegen! rief Hiller, indem er aufsprang. „Kommt Alle mit und greift mit zu. Das ist ein ganz gefährliches Subject, ein Bandit oder Räuberhauptmann, mit dem nicht zu spaßen ist!"

Wie eine Lawine ergoß sich der Strom der Anwesenden in den Saal, und im nächsten Augenblicke war der Fremde umringt und gefangen.

„Bindet ihn und schafft ihn hierher in die Mitte! Ich werde gleich jetzt Gericht mit ihm halten."

Obgleich in Folge des entstandenen Tumultes die in der Unterstube sitzenden

Gäste nach Oben kamen und der Saal in Folge dessen voll wurde, entstand doch in der Mitte ein freier Raum, in welchen man den Wiederergriffenen halb schob, halb zog.

„Na, macht Euch nur 'nen Spaß; ich komme schon auch noch dran!" lachte er. „Aber mit dem Bindfaden bleibt mir vom Leibe oder ich werfe Euch Alle zum Fenster 'naus!"

„Immer bindet ihn, oder haltet ihn wenigstens fest!"

„Das Vergnügen könnt Ihr Euch machen. Da, habt Ihr meine Tatzen!" Er hielt die Arme hin und wurde bei denselben gefaßt.

„Wo hat Er sich heut herumgetrieben?" begann Hiller das Verhör.

„Das muß Er doch am Besten wissen. Er hat mich ja unter Bedeckung in Transport gegeben."

„Spotte Er nicht! Wie kann Er nur so verrückt sein und wieder hierher kommen?"

„Sieht Er das denn nicht ein, Er Dummhut? Ich habe ja meinen Tornister liegen gelassen."

„Wenn Er sein Schandmaul nicht hält, werde ich Ihn krumm schließen lassen! Warum ist Er heut davongelaufen?"

„Soll ich etwa stehen bleiben, wenn der Herr Amtmann in eigener Person die Güte hat, für mich zu brummen?"

„Stricke her; ich werde Ihn zusammenschnüren lassen, daß er die Engel im Himmel pfeifen hört!"

In diesem Augenblicke tönte ein kurzer, scharfer Pfiff von der Straße herauf, und sofort reckte sich die Gestalt des Gefangenen in die Höhe, und die ihn Haltenden mit einer kraftvollen Bewegung von sich abschüttelnd, donnerte er mit löwenstarker Stimme:

„Dazu wäre Er Himmelhund auch der rechte Kerl!" Und den Kittel aufreißend, sodaß die Rabatten der Uniform und die blitzenden Sterne auf der Brust sichtbar wurden, fuhr er fort: „Er hat ja nicht einmal Geschick, einen armseligen Pflaumendieb rechtschaffen zu verhören. Wäre Er nur mit einem einzigen Athemzuge auf den Gedanken gekommen, mich aussuchen zu lassen, so hätte Er sich die ganze Komödie erspart. Ich werde Ihm jetzt 'mal zeigen, wie man mit Spitzbuben umspringt." Und sich gegen die halb geöffnete Thür wendend, rief er: „Gewehr auf! Vorwärts marsch!"

Sofort flog die Thür vollends auf, und im nächsten Augenblicke waren die Ausgänge und Fenster von hochgewachsenen, bärtigen Grenadieren besetzt.

„So, und nun kommt die Reihe an Ihn, Er elender Taugenichts! Wilhelm Schmidt, komm her und lies 'mal diesen Brief vor, den mir der Schwerenöther gestern geschickt hat!"

Der Gerufene trat vor und folgte der Weisung. Kaum hatte er das letzte Wort gelesen, so erhob sich unter den Anwesenden, welche in dem Handwerksburschen ihren Fürsten erkannt hatten, ein wahrer Sturm von Verwünschungen und zornigen Ausrufungen.

„Ruhe hier! Jetzt habe ich zu sprechen. Dort ist noch der Strick. Bindet ihn.“

Man gehorchte. Hiller sträubte sich dagegen und rief:

„Durchlaucht, ich protestire gegen dieses Verfahren; ich habe es nicht verdient!“

„Was, nicht verdient, Er Galgenstrick? Glaubt Er etwa, daß ich Ihn binden lasse wegen der heutigen Lappalie? Das fällt mir gar nicht ein! Aber wie steht es denn mit dem Schlingel, der sich dort so ängstlich hinter den Schenktisch verkriecht, he? Zieht ihn 'mal hervor! So. I, guten Abend, Herr Urian! Hast Du Dich doch noch erwischen lassen, trotzdem Dich der Herr Vetter drei Wochen lang so gut versteckt hat? Wart, Hallunke, Du sollst Spießruthen laufen, bis Du aus allen Löchern pfeifst! Herr Hauptmann, da ist er, an den Ihr mich gestern nicht erinnern wolltet. Nehmt ihn fein ordentlich in Eure Fingerlein und bringt ihn gut nach Hause!“

„Durchlaucht, ich habe nicht gewußt, daß —“ rief Hiller; aber der Fürst fiel ihm sofort in die Rede;

„Will Er schweigen, Er Nichtsnutz Er! Wer einen Deserteur versteckt, kriegt die Kugel vor den Kopf. Weil Er aber keinen Schuß Pulver werth ist, wird Er vielleicht mit einer Landkarte auf dem Hintern davonkommen. Jetzt aber schafft mir den Kerl aus den Augen. Wo ist denn sein Goldsohn? Ah dort in der Ecke. Komm 'mal her, mein Liebling!“

Zitternd trat der Gerufene herbei. Der Fürst musterte ihn vom Kopfe bis zum Fuße und sprach dann:

„Dein Alter meinte, der Wilhelm gebe einen schönen Gardegrenadier; ich finde aber, daß Du noch besser dazu passest. Du wirst also an seiner Stelle mit uns gehen; dort ist der Korporal, der Dich zurechtschnitzen wird. Vorwärts!“ Und als er der Weisung nicht sofort Folge leistete, wurde er gepackt und nach unten geschafft.

Die Amtmännin mit ihren Töchtern erhoben ein lautes Wehklagen und wollten sich dem strengen Richter zu Füßen werfen. Dieser aber machte eine abwehrende Bewegung und befahl:

„Haltet mir das Weibsvolk vom Leibe; ich kann das sakkermentsche Flennen beim Tode nicht leiden!“ Und sich dann nach der andern Seite wendend, sprach er: „Die Wiesenbauers und die Schmidts mögen 'mal herkommen!“

Es geschah, und Leopold nahm jede einzelne Person scharf ins Auge.

[Schluß folgt.]

Druck von H. G. Münchmeyer in Dresden.

## Ein Stücklein vom alten Dessauer.

### Humoreske von Karl May.

[Schluß.]

„So. Das ist also die Annemarie, die den Wilhelm so lieb hat? Bist wirklich ein allerliebstes Blitzmädel. Willst mich haben, he?" fragte er lächelnd, indem er sich wohlgefällig den Bart drehte. „Na, na, brauchst dich nicht zu fürchten; ich will dich ja gar nicht zwingen. Aber wenn Du mich nicht magst, so sollst du zur Strafe auch keinen Andern kriegen, als den neuen Amtmann. Den magst du doch, was?"

„Durchlaucht!"

„Weiß schon! Ihr Weibsvölker könnt zehn Wochen lang immer in einer Tour fortschwatzen; aber grad dann, wenns am Nöthigsten ist, da steht die Mühle still. Ich werde also deinen Vater fragen müssen. Trete Er hierher, Teichbauer! So! — Was ist Er nur für ein dummer Esel gewesen, daß Er Sein schönes Kind dem nichtsnutzigen Hiller hat geben wollen. Schäme Er sich! So ein alter Kerl wie Er ist, sollte doch wohl nur daran denken, sein Kind glücklich zu machen! Wie es jetzt mit den beiden Hillers steht, das hat Er gesehen. Aus der Heirath kann also Nichts werden. Aber da heut Abend einmal Verlobung sein soll, so muß ich mich wohl ins Spiel legen. Ich habe da einen neuen Amtmann für Euch, das ist ein verteufelt braver Kerl, noch jung zwar, aber er hat Etwas gelernt und das Herz auf dem rechten Flecke. Wollt Ihr ihm die Annemarie zur Frau geben?"

„Ich weiß ja nicht, wer es ist, Durchlaucht."

„Da steht er ja! Gukt ihn Euch an, 's ist ein stattlicher Bursche."

„Durchlaucht!" riefen voll Ueberraschung die beiden Schmidt's zugleich. „Das ist nicht möglich!"

„Maul halten; Ordre pariren! Der Wilhelm hat mir gefallen. Hab' ihm heut scharf auf den Zahn gefühlt, hat aber gut bestanden. Er wird Amtmann, pasta, abgemacht! Na, Wiesenbauer, wie stehts?"

„Wenn Durchlaucht befehlen, so muß ich wohl ja sagen."

„Das will ich Ihm auch gerathen haben, Er Himmelelementer. Und wie ist's denn mit dem Mädel, he? Magst du ihn?"

„Ja," hauchte tief erröthend das glückliche Kind.

„Da hat man's; jestt kann sie auf einmal reden. Also heut ist Verlobung, und ich bleibe da, um mitzumachen. Der neue Herr Amtmann wird wohl einen Winkel haben, wo ich schlafen kann; ich bin mit Allem zufrieden, nur nicht mit Eurer sakkermentschen Klystierbude." Und einen Blick über die Andern werfend, setzte er mit erhobener Stimme hinzu: „Eigentlich wollte ich mir ein Dutzend Rekruten mitnehmen, und es sind auch einige ganz prächtige Himmelstürmer da; aber weil ich 'mal bei Laune bin, soll der Würgengel heut an ihnen vorübergehen. Will Euch die Freude nicht verderben; sollt heut Alle lustig sein. Und damit das auch gleich los gehe, so blast mir jetzt einmal unsers Herrgott's Dragonermarch, und du, Mädel, komme 'mal her und gieb mir 'nen herzhaften Schmatz; ich habe ihn verdient, und meine Alte, die Anneliese, wird wohl Nichts dagegen haben."

Er zog die tief Erglühende zu sich empor, und als bei der herrschenden Stille der Kuß des alten Degenknopfes laut durch den Saal schallte, da erhob sich dröhnender Jubel und die Musik fiel mit einem rauschenden Tusche ein, welchem sie das verlangte Lied folgen ließ.

Als es zu Ende geblasen war, nahm der Fürst Annemarie bei der Hand und sprach:

„So, nun wollen wir gehen. Was heut hier getrunken wird, das bezahle ich; aber sauft mich nicht arm, Ihr Tausendschwerenöther! Achtung: Gewehr an! Vorwärts, marsch!"

Dem Kommando gehorchend, marschirten die Grenadiere ab, und ihr Vorgesetzter schritt hinter ihnen her, umgeben von den Gliedern der beiden glücklichen Familien und begleitet von den anerkennenden Zurufen der ganzen zahlreichen Versammlung.

# Der Amsenhändler

Humoristische Episode aus dem Leben des alten Dessauers von Karl May.

Es war am Vormittage eines schönen Sommersonntages. In seinem Arbeitszimmer des Dessauer Schlosses saß Fürst Leopold von Anhalt-Dessau, der Feldmarschall Preußens und des deutschen Reiches an seinem Schreibtische und stöberte in allerlei Acten und militärischen Schreibereien herum. Er trug seine einfachen grauleinenen Hosen und einen ebenso einfachen Waffenrock, an welchem kein Abzeichen seines hohen Ranges angebracht war. Seine Stirn lag in Falten; die Spitzen seines schwarzen Zwickelbartes zuckten und seine Füße stampften zuweilen ärgerlich den Boden. Er befand sich augenscheinlich in einer höchst unfreundlichen Stimmung.

Er war in der Kirche gewesen und hatte sich über die Predigt geärgert, da der Pfarrer mit der Gemeinde zu glimpflich verfahren war und nicht genug losgedonnert hatte. Nun saß der Fürst da und brummte ärgerlich vor sich hin.

Da erschallte unten im Schloßhofe ein lauter, kräftiger Gleichschritt, und gleich darauf trat der Diener ein und meldete, daß die Kapelle von Leopolds Lieblingsregimente soeben eingetroffen und aufmarschirt sei.

Der Kapellmeister war nämlich gestorben und sein Nachfolger sollte heute seine Probe ablegen. Das war keine leichte Aufgabe, denn der alte, grimmige Fürst verstand von Musik gar nichts und hatte es in seinem ganzen Leben nur zu der einen Melodie des Dessauer Marsches gebracht: „So leben wir, so leben wir, so leb'n wir alle Tage." Nach dieser Melodie sang er alle Lieder, auch in der Kirche, mochte die Orgel spielen und die Gemeinde singen, was und wie sie wollte.

„Ist der neue Pfeifer draußen?" fragte der Fürst den Diener.

„Ja. Er bittet, eintreten zu dürfen," antwortete der Gefragte.

„Er mag kommen!"

Der Diener ging und an seiner Stelle trat der Musikus herein, den der Fürst in seiner derben Weise den „Pfeifer" genannt hatte. Er marschirte drei Schritte vor, schlug die Absätze zusammen und blieb dann in der vorgeschriebenen strammen, kerzengeraden Haltung stehen. Der Fürst musterte ihn vom Scheitel bis zur Sohle herab. Er mußte etwas Ordnungswidriges entdeckt haben, denn er erhob sich rasch, trat auf den Mann zu und fragte:

„Wie lange dient Er bereits, he?"

„Neun Jahre, Excellenz." lautete die Antwort.

„Neun Jahre," wiederholte Leopold in tiefem, zornigem Tone. „Und während dieser Zeit hat Er noch nicht gelernt, sich vorschriftsmäßig aufzuwichsen! Sieht Er nicht, Er Himmelhund, daß die rechte Spitze Seines Schnurrbartes um den ganzen zwanzigsten Theil eines Zolles höher steht als die linke? Und mit diesen lüderlichen Katerborsten kommt Er zu mir, Er neunjähriger Schlendrian! Bringe er Seinen infamen Schnurrwichsrich sofort in Ordnung, sonst lasse ich Ihn Spießruthen laufen bis die Schwarte platzt!"

Der Mann war schreckensbleich geworden und brachte die unglückselige Bartspitze schleunigst in eine tiefere Lage.

„So!" sagte der Fürst. „Er scheint mir von Musik so viel zu verstehen, wie der Staar vom Porträtmalen, sonst müßte Er doch wissen, daß man zu hoch bläst, wenn der Schnurrbart zu hoch steht. Ich bin neugierig, wie Er Seine Probe bestehen wird. Was will Er denn blasen lassen, he?"

„Ein Nocturne, ein Lied ohne Worte und ein Andantino."

Der Fürst, welcher durchaus kein Freund von Fremdwörtern war, zog die Brauen finster zusammen und sagte:

„Nocturne? Andantino? Dummes Zeug! Das ist fremder Papperlapapp! Blase Er deutsch, wie Ihm der Schnabel gewachsen ist! Und ein Lied ohne Worte? Ist Er verrückt? Ein Lied ohne Worte giebt es gar nicht!"

„Excellenz verzeihen gnädigst," wagte der Musikus zu sagen. „Es giebt allerdings Lieder ohne —"

„Maul halten! Nicht mucksen!" donnerte ihm Leopold entgegen. „Das muß ich verstehen! Nur ein Verrückter kann behaupten, daß es Ochsen ohne Beine giebt, und so ist es auch mit den Liedern ohne Worte. Packe Er sich hinunter in den Hof und blase Er ein paar lustige Märsche! Ich werde gleich nachkommen, und der Teufel soll Ihn reiten, wenn ich einen Fehler höre!"

Der Mann machte Kehrt und marschirte zur Thüre hinaus. Es war ihm angst und bange; der Fürst verstand nichts von Musik und hielt sich doch für einen gewaltigen Kenner; da war es nichts Leichtes, die Probe zu bestehen.

Nach kurzer Zeit stand der Fürst im Hofe und musterte die Musikanten. Sie kannten den alten Knasterbart zur Genüge und hatten sich die größte Mühe gegeben, fehlerfrei zu erscheinen. Das bemerkte er und darum ließ er ein tiefes, zufriedenes Knurren hören.

„Alles sauber und adrett!" sagte er. „Ich will es Euch auch gerathen haben, Ihr Schwerenöther! Na, so dudelt einmal los, aber einen Marsch! Verstanden?"

Der Dirigent gab das Zeichen, und der Marsch begann. Aber der Director hatte unglücklicher Weise nicht daran gedacht, daß der Dessauer Marsch das Lieblingsstück des Fürsten war; er ließ einen andern blasen. Da verfinsterten sich die sonnverbrannten Züge Leopolds; er sprang mitten unter die Musikanten hinein und trieb sie mit dem spanischen Rohre, welches alle seine Untergebenen kannten und fürchteten, auseinander.

„Halt!" brüllte er mit einer wahren Donnerstimme. „Still! Augenblicklich fort mit dieser Wimmerei! Was fällt Euch ein, Ihr Baßgeigenbande, mir solchen dummen Schnickschnack vorzufiedeln! Unsers Herrgotts Dragonermarsch will ich hören, und wenn Ihr den nicht blasen könnt, so scheert Euch zum Teufel! So leben wir, so leben wir, so leb'n wir alle Tage! Vorwärts! Weiter! Wirds bald, oder nicht?"

Die Worte „So leben wir", sang er mit seinem dröhnenden Basse und schlug mit dem Rohrstocke den Tact dazu auf dem breiten Rücken des Posaunisten. Das zog. Sie konnten den Marsch Alle auswendig blasen und fielen sofort ein. Es war ein eigenthümlicher Anblick, zu sehen, wie der Posaunist in kerzengerader Haltung sein Instrument ausschob und einzog nach dem Tacte, welcher auf seinem Rücken geschlagen wurde.

Als die erste Klause des Marsches erklungen war, erheiterten sich die Züge des Fürsten. Er konnte noch so grimmig sein, bei den Klängen dieses Stückes vergaß er allen Aerger. Er hielt an, den Rücken des Posaunisten zu maltraitiren, stampfte aber desto kräftiger den Tact mit den Füßen. Beim Schlusse der zweiten Klause zeigte sein Gesicht bereits einen ganz verklärten Ausdruck. Aber plötzlich verschwand dieser wieder; Leopold stand ganz erstaunt da und heftete seine dunklen Augen mit einem Blicke auf die beiden Waldhornisten, als ob er etwas ganz Ungeheuerliches sähe. Dann aber brach er los. Mit einem raschen Sprunge stand er vor den beiden Männern, faßte sie hüben und drüben bei der Brust, schüttelte sie aus Leibeskräften und schrie:

„Halt, aufgehört, aufgehört! Warum blast Ihr nicht mit, Ihr beiden Himmelhunde?"

Die Musik schwieg sofort, und so konnte man die Antwort des einen Hornisten hören:

„Excellenz verzeihen! Wir haben hier sechs Tacte Pause."

Bei diesen Worten trat der Fürst ganz erstaunt einen Schritt zurück; dann fragte er in jenem leisen Tone, der bei ihm noch gefährlicher war als das lauteste Zürnen:

„Pause? Ach, Ihr habt zu pausiren, he?"

„Zu Befehl, Excellenz!"

„Sechs Tacte, volle sechs Tacte lang?"

„Zu Befehl!"

Da sah er sich die beiden Männer mit wetterleuchtenden Blicken von den Köpfen bis zu den Füßen an, und dann donnerte er los:

„Also pausiren wollt Ihr? Da schlage doch gleich auf der Stelle ein kohlpechrabenschwarzes Wetter drein! Diese Hundekerls erhalten ihre Löhnung pünktlich und vollständig ausgezahlt, und wenn es ans Blasen geht, da wollen sie pausiren! Ich werde Euch hier mit dem Stocke bepausiren, daß Euch die Seele wackelt, Ihr ewigen Faullenzer! Gleich tretet Ihr vor und blast diese sechs Tacte Pause nach, und zwar dreimal hinter einander!"

Die zwei armen Teufel gehorchten und traten vor, aber sie blickten verlegen zu Boden, denn es war ja unmöglich, die Pause zu blasen.

„Nun, wirds, oder wirds nicht?" rief Leopold.

Da nahm der Dirigent sich seiner Leute an. Er legte die Hand salutirend an den Hut und sagte:

„Exzellenz verzeihen! Pausen kann kein Mensch blasen.“

Leopold fuhr auf ihn zu und schrie im höchsten Zorne:

„Ach, nicht blasen? Keine Pause? Weshalb stehen sie denn da, als um geblasen zu werden! Er Himmelelementer versteht also von den Pausen nichts und von der Musik noch viel weniger! Und er will Kapellmeister werden? Ich werde Ihn bekapellen und bemeistern, daß Ihm drei Millionen Pausen um die Ohren fliegen. Er erhielt mit diesen Leuten Seine Löhnung, Sein Essen und Trinken, Seine Kleider und Gamaschen, und wenn ich unsers Herrgotts Dragonermarsch hören will, so stehen diese Tausendschwerenöther da, halten Maulaffen feil und pausiren! das ist stark, nein, das ist noch stärker als stark; das ist gegen alle Subordnung! Und wenn dann ich, der Kaiserliche und Königliche Feldmarschall, befehle, daß die Pausen geblasen werden sollen, so heißt es: „Das können wir nicht!“ Warum seid Ihr denn Musikanten geworden, wenn Ihr nicht einmal eine lumpige Pause blasen könnt, Ihr Hallunken! Aber Ihr sollt das noch lernen; Ihr sollt mir schon noch musikalisch werden! Wenn Ihr in der Arbeit pausirt, so sollt Ihr auch im Essen pausiren. Packt Euch auf der Stelle fort, und meldet Euch zum strengen Arrest! Jeder erhält fünf Tage und der gescheidte Herr Musikdirector zehn Tage, aber blos bei Wasser und täglich ein Viertelpfund Brod. Dann kommt Ihr wieder, und wenn ich noch eine einzige Pause höre, die nicht geblasen wird, so lasse ich Euch aufhängen, Einen immer an den Andern. Merkts Euch, Ihr Faulthiere, Ihr! Achtung! Rechts um! Vorwärts marsch! Scheert Euch zum Kukuk!“

Sie waren ganz unschuldig, aber sie konnten nicht anders, sie mußten diesem Commando augenblicklich Folge leisten und marschirten mit niedergeschlagenen Mienen zum Thore hinaus, verfolgt von den grimmigen Blicken des Fürsten. Diesem sah man es an, daß es jetzt nicht gerathen war, ihm nahe zu kommen. Er blickte suchend im Hofe sich um, als wolle er Jemand finden, der als Ableiter seines Zornes dienen könne, und wirklich — da kam Einer zum Thore herein geschritten, der beim Anblicke des Fürsten sofort stehen blieb; als ob er in parademäßiger Haltung angenagelt sei.

Es war eine hohe, breitschulterige Gestalt, mochte vielleicht achtundzwanzig Jahre zählen und trug die Abzeichen eines Feldwebels. Er hatte mit dem ersten Blicke erkannt, daß Leopold sich in keiner rosigen Laune befinde, aber auf seinem offenen, ehrlichen Angesicht war nicht die mindeste Spur von Furcht zu erkennen, und seine hellen Augen blickten sogar mit einer Art vertrauensvoller Liebe auf den Fürsten. Und wunderbar, sobald dieser Letztere den Ankömmling bemerkte, erheiterten sich seine Züge, und er sagte in einem milden Tone:

„Ah, Feldwebel Schubert! Er ist wieder zurück?“

„Zu Befehl, Excellenz!“ antwortete der Gefragte. „Soeben bin ich angekommen.“

„Er war noch gar nicht in Seinem Quartier?“

„Nein.“

„Und dennoch steht er so proper und sauber vor mir, wie von einer Katze abgeleckt,“ meinte Leopold, indem er den Feldwebel mit freundlichem Nicken betrachtete. „Ja, Er ist kein solcher Himmelhund, dem der Schnurrbart aus der Contenance gerathen kann! Aber wenn er sofort nach seiner Ankunft zu mir kommt, so hat er mir jedenfalls etwas Wichtiges zu melden?“

„Zu Befehl, Excellenz!“

„Gut, so komm er mit herauf in meine Bude! Erst hat mich der Pastor geärgert mit seiner Honigleckerei, dann geriethen mir die Trompeter und Pfeifer ganz aus Rand und Band. Die wollten sechs Tacte Pause machen, gerad lang genug, um während der Zeit von hier nach Magdeburg zu laufen. Aber ich habe ihnen eine Medizin eingestrichen, welche sie kuriren wird. Jetzt soll er mich aufheitern, denn Er ist der Kerl, über den ich mich niemals zu ärgern brauche. Komme Er!“

Leopold schritt voran, und der junge Mann folgte ihm.

Alle Welt wußte, daß Feldwebel Schubert der Liebling des Fürsten war. Er war treu, klug und anstellig und hatte im Auftrage Leopolds gar Manches ausgeführt, was dieser selbst einem seiner Offiziere nicht gern anvertraut hätte. Er wußte den Fürsten zu behandeln, beging nie den geringsten Fehler und hätte sich lieber in Kochstücke hacken lassen, als daß er mit einem unerfüllten Auftrage, oder einer ungelösten Aufgabe zurückgekommen wäre.

Vor einiger Zeit war er von Leopold heimlich hinüber in das Hannöversche geschickt worden, um Verschiedenes auszukundschaften. Der Fürst konnte nämlich den Kurfürsten von Hannover, der zugleich König von England war, nicht leiden, und diese Abneigung war eine gegenseitige. Die meiste Gelegenheit zum Streite gaben die damaligen Werbeverhältnisse. Die Werber überschritten von beiden Seiten heimlich die Grenzen, um Rekruten anzuwerben, oder gar zu pressen. Dabei wurde sehr oft Gewalt angewendet, und darum nannte man diese Leute Seelenverkäufer. Es kam vor, daß die jungen, kräftigen Burschen vom Tanzboden weg, oder gar aus dem Bette geholt wurden, und bei der dadurch erregten gegenseitigen Erbitterung war es nichts Seltenes, daß es zuweilen gar zu Mord und Todschlag kam. Darum war die Aufgabe, welche Feldwebel Schubert erhalten hatte, eine sehr gefährliche. Wurde er ergriffen, so steckte man ihn entweder unter das hannöversche, oder englische Militär, oder man verbannte ihn als Matrose auf ein englisches Schiff, oder man griff ihn gar mit den Waffen an, um ihn einfach abzuthun. Allein, er war glücklich zurückgekehrt, wie immer von so gefährlichen Gängen, und stand nun droben vor dem Fürsten, um demselben Rechenschaft abzulegen.

Leopold hatte sich breitspurig auf einen alten Ledersessel niedergelassen und fragte:

„Da er gar nichts von sich hören ließ, so hatte ich schon Sorge, daß man ihn erwischt und aufgehängt hätte. Nun Er aber da ist, ist Alles gut. Wie steht es drüben bei unserm Nachbar von England und Hannover?“

„Schlechter als bei uns, wie immer, Durchlaucht. Kein Gehorsam, keine Ordnung, kein Verlaß." lautete die Antwort. „Der Teufel hole das Sauleben, wie es da drüben ist!"

Der Alte schmunzelte behaglich, denn die Worte des Feldwebels enthielten ein indirectes Lob und Compliment für ihn.

„Ja," sagte er. „Ich möchte lieber Korporal in meinem Regimente sein, als General Seiner königlichen Hoheit, des Kurfürsten von Hannover. Da ist zum Beispiel unser Erzfeind, der General von Valmy. Er trat als Oberst bei uns aus, weil ihm drüben der Generalsrang angeboten wurde. Nun ist er General, aber was hat er davon? Inspecteur der Werbestationen ist er geworden. Nun rennt er die Grenze auf und ab, reckt seine Nase in jede Grenzkneipe und schnüffelt nach, ob seine Seelenverkäufer auch Geschäfte machen. Das ist keine Generals- sondern eine Dachshundarbeit. Er hat mir schon viel Schaden gemacht, denn er versteht das Fach. Ich gäbe gleich tausend Gulden darum, wenn ich ihn einmal diesseits der Grenze absassen könnte. Ich würde ihn bei der Parabel nehmen, daß er die lieben Engel im Himmel geigen hören sollte!"

Ueber das hübsche, männlich ernste Gesicht des Feldwebels glitt ein schnelles, unternehmendes Leuchten, aber er sagte noch nichts. Der Fürst fuhr fort:

„Das wäre so Etwas für Ihn, Schubert. Er ist ein unternehmender Kerl, kühn und besonnen zugleich. Könnte Er mir den General nicht einmal herüber locken, he?"

„Hm!" antwortete der Gefragte. „Die tausend Gulden stechen mir gewaltig in die Augen; ich könnte sie sehr gut gebrauchen, aber es ist mir unmöglich, sie zu verdienen."

„Warum? Ich hoffe doch nicht, daß er Angst vor den Hannoveranern hat!"

„Fällt mir gar nicht ein! Da kennen mich Ew. fürstliche Durchlaucht zu gut. Ich wollte nur sagen, daß ich das Geld nicht verdienen kann, weil es gar nicht nöthig ist, den General herüber zu locken."

„Nicht nöthig? Warum?" fragte Leopold gespannt.

„Weil er von selbst kommt."

„Donnerwetter!" rief der Fürst, indem er aufsprang. „Er kommt von selber?"

„Ja."

„Aber als was und warum? Wenn er in friedlicher Absicht kommt, so können wir ihm nichts anhaben."

„Excellenz können ruhig sein; er kommt in einer sehr unfriedlichen Absicht. Ich habe nämlich erfahren, daß er einen ganz bedeutenden Coup beabsichtigt. Unsere Werber sind glücklich gewesen; sie haben in letzterer Zeit sehr gute Geschäfte gemacht. Erst vorgestern hat Lieutenant Schadowitz in Stolberg elf Ilfelder Burschen festgenommen und unter die Rekruten gesteckt. Da haben sich die Hannoveraner vorgenommen, einen tüchtigen Schlag auszuführen. Ihre Werber haben vom Generale eine tüchtige Nase erhalten, und nun setzen sie Alles daran, unter seinen Augen die Schlappe wieder quitt zu machen.

„Das sollen sich diese Himmelsakkermenter vergehen lassen! Um was handelt es sich?"

„Morgen geht da unten in Lenzen an der Elbe das große Vogelschießen los, welches eine volle Woche dauert. Donnerstag ist der Haupttag, an welchem auf allen Sälen getanzt wird. Da giebt es Jungburschen die schwere Menge, und dann wollen die Hannöverschen in Verkleidung auf dem Saal des Schützenhauses erscheinen und Alles gefangen nehmen, was zum Soldaten taugt."

„Himmelelement, das ist ja der reine Landfriedensbruch!"

„Allerdings; aber sie sagen, wir hätten ihren Landfrieden auch gebrochen; sie wollen nur Revanche nehmen. Das Beste aber dabei ist, daß der General mitkommt. Er will verkleidet zusehen, wie unsere Burschen ergriffen werden."

„Hallo, hurrah, hosiannah, victoria, passa!" rief der Fürst, indem er vor Freude einen Sprung that. „Ich fange ihn, ich fange sie alle. Sie brocken sich da eine gute Suppe ein, und ich werde für die Pfefferkörner und den Knoblauch sorgen. Ich will gebimmelt und gebammelt werden, wenn ich auch nicht verkleidet erscheine und ein Lustspiel aufführe, daß sie vor Lachen die Maulsperre kriegen! Aber kommt der General auch wirklich?"

„Ganz sicher, Excellenz. Ich habe es aus einem ganz gewissen Munde. Ich traf nämlich da im Nienburger Gasthofe einen Kerl, der mir verdächtig vorkam. Er hatte so einen hannöverschen Dialect. Ich gab mich also für einen hannöverschen Werber aus und zeigte ihm die Legitimation, welche wir kürzlich einem der ihrigen abgenommen hatten. Er ging auf den Leim und glaubte mir Alles. Er bat mich, ihm zu helfen, und ich versprach es ihm natürlich. Er hat nämlich von dem Kommandanten der Werbestation Danenbüttel den Auftrag erhalten, alle unsere Stationen zu bereisen, auch sich zu überzeugen, ob Ew. Excellenz wirklich hier in Dessau sind — — —"

„Glaube es!" fiel der Fürst grimmig ein. „Vor mir hat diese Rotte Korah, Jonathan und Habakuck eine fürchterliche Angst. Sie denken, ich könnte ihnen über den Hals kommen, und das wird auch geschehen, sowahr sie mich den alten Dessauer nennen. Ich bin ein guter Kerl, ein seelensguter Hallunke, aber wenn ich einmal den Rappel kriege, so hält es kein Mensch mit mir aus, nicht einmal ich selber! Rede er weiter, Schubert!"

„Der Kerl," fuhr der Feldwebel fort, „soll dann dem General in Lenzen melden, ob Alles in Ordnung ist, und dann geht der Teufel los."

„Als was reist der Mensch?"

„Als Amsenhändler."

„Amsenhändler? Was ist das für eine Thiergattung, he?"

„Amse heißt Ameise. Man kürzt in dieser Gegend das Wort Ameise auf Amse ab. Er thut nämlich, als ob er mit Ameiseneier für die Freunde von Stubenvögeln hausirt, und hat eine ganz gute Legitimation bei sich,"

„Wo ist er?"

„Er sitzt hier in der Flöder'schen Schänkwirthschaft."

„Heiliges Graupelwetter! Er wagt sich nach Dessau? Na, dem will ich auf das Dach reiten, daß ihm das Herz drei Centner schwer vor die Füße fallen soll!"

„Hm! Der Mensch ist beherzt. Er hat Ew. Durchlaucht noch gar nicht gesehen und ist doch neugierig, wie Ew. Durchlaucht aussehen mögen. Er wäre am Ende gar so verwegen, nach dem Schlosse zu kommen; wenigstens hat er mich gefragt, ob Fürstliche Hoheit nicht auch Stubenvögel halten."

Da schnippste der Fürst mit dem Finger und rief erfreut:

„Donner und Doria, das trifft sich gut! Gehe er sogleich nach der Schänkwirthschaft und sage er diesem Menschen, daß ich viele Vögel habe, zwanzig Amseln, dreißig Finken, vierzig Zippen und fünfzig Kukuks, meinetwegen auch noch eine ganze Heerde von Lerchen, Ammern, Wachteln und Krähen dazu. Bringe Er ihn so weit, daß er zu mir kommt; dann nehme ich ihn fest mit seinen Amseneiern und gehe als Amsenhändler nach Lenzen, um diese hannöverschen Spitzbuben zu fangen!"

„Das ist gefährlich, Ew. Durchlaucht!"

„Papperlapapp! Ich habe noch ganz andere Dinge gemacht. Ich bin als Scheerenschleifer, als Leierkastenmann, als Bäckergeselle, als Pflasterhändler und als Windmüller gegangen, und grad in Lenzen habe ich vor zwei Jahren bereits einen ganz ähnlichen Streich ausgeführt. Uebrigens wird Er mit einer tüchtigen Schaar Grenadiere heimlich zugegen sein. Ich kenne den Wirth des Schützenhauses; er ist eine treue Seele und wird uns allen Vorschub leisten. Aber wo befindet sich denn jetzt General Valmy?"

„Auf Schloß Gartow, welches der Bernstorffischen Familie gehört."

„Ja; es gehört jetzt dem Andreas Gottlieb von Bernstorff, der hannöverscher Land- und Kriegsrath ist; er befindet sich jetzt in London, und so wird der General einsam und unerkannt auf Gartow hocken, bis er mit seinen Spinnenbeinen nach Lenzen hinüberkrabbelt. Besser konnte er es nicht aussuchen. Lenzen liegt am preußischen und Gartow nicht weit vom hannöverschen Ufer der Elbe; so braucht man nur herüber und hinüber zu buddeln, um eine Gaunerei fertig zu bringen. Aber ich werde bei dieser Buddelei zugegen sein und den Kerlen eine Patsche bereiten, an welche sie bis an ihr sanft seeliges Ende denken sollen und noch einige Jahre darüber hinaus. Von wem hat Er denn erfahren, daß der General auf Gartow ist? Wohl auch von dem Amsenmeier?"

„Nein," antwortete der Feldwebel einigermaßen verlegen.

„Von wem denn?"

„Von — — hm! — — von — — — hm!"

„Na, was hmt er denn da herum? Heraus damit!"

„Von meiner — — von meiner Liebsten habe ich es erfahren, mit Respect zu vermelden, Ew. Durchlaucht."

Der Fürst fuhr erschrocken zurück und sperrte erstaunt den Mund auf.

„Von Seiner Liebsten?" fragte er, während sich eine Falte des Zornes quer über seine Stirn legte. Ist er vernagelt, oder übergeschnappt? Er hat eine Liebste, he?"

„Zu Befehl, Ew. Durchlaucht!"

„Halte er den Schnabel mit Seinem Befehl!" donnerte da Leopold. „Ich habe Ihm nicht befohlen, sich zu verschameriren, Er Grünschnabel! Er ist ja kaum aus den Federn heraus und sieht sich bereits nach einem Hauskreuze um! Da schlage doch das Wetter drein! Kaum hat man einmal zu einem Menschen Vertrauen gefaßt, so läuft er auch schon einer bunten Schürze nach! Ist das Dankbarkeit, he? Ist das in der Ordnung, he? Stecke er seine Nase in das A-b-c-Buch, aber lasse Er es sich nicht einfallen, sich eine Frau zu nehmen; Er dummer Junge, Er!"

Er sah bei seinen Leuten nicht gern eine Liebelei, und daß grad Feldwebel Schubert eine Geliebte hatte, das ärgerte ihn doppelt. Er redete sich selbst in seinen Grimm hinein, und so kam es, daß ihm das letzte, schlimme Schimpfwort entfuhr. Schuberts Auge blitzte auf; er sagte nichts, aber er machte Rechtsumkehrt, so accurat wie auf dem Exercierplatze, und schritt nach der Thür.

„Halt! Bataillon rechtsumkehrt! Augen rechts; richtet Euch!" brüllte da der Fürst, als ob er wirklich ein ganzes Bataillon vor sich habe. „Wo will er denn hin, he?"

Der Feldwebel hatte dem Kommando augenblicklich Folge geleistet.

„Mich zum Arrest melden, Ew. Durchlaucht," sagte er mit fester Stimme.

„Zum Arrest? Er ist ja ganz und gar perplex! Warum denn zum Arrest?"

„Excellenz haben mich, einen altgedienten Feldwebel des glorreichen Regimentes „Fürst Leopold", einen dummen Jungen genannt. Fordern kann ich meinen Feldherrn nicht, folglich bleibt mir nur übrig, anzunehmen, daß ich wirklich als dummer Junge gehandelt habe, und darum melde ich mich zunächst zur Strafe in Arrest und komme dann um meinen Abschied ein. Ein braver Soldat läßt keinen dummen Jungen auf sich sitzen, mag die Beleidigung kommen, von wem sie will!"

Da trat der Fürst mit geballten Fäusten auf ihn zu und rief:

„Hund! Kanaille! Ich werde — — —"

„Halt!" donnerte ihm da der Feldwebel entgegen. „Kein Wort weiter! Ich bin weder ein dummer Junge, noch ein Hund, oder eine Kanaille! Privatim können Ew. Durchlaucht mich so nennen, denn ich habe Sie lieb und könnte für Sie tausendmal durchs Feuer gehen; aber in diesem Augenblicke habe ich die Uniform meines Regimentes an, und diese lasse ich nicht beschimpfen!"

Da trat der Fürst zurück. In seinen erregten Zügen kämpften die widerstreitigsten Gefühle. Er schritt an das Fenster und blickte lange stumm hinaus. Schubert kannte den Alten; er wußte, was kommen werde und blieb ruhig stehen. Endlich drehte sich Leopold wieder um; sein Gesicht hatte sich geglättet, als er sagte:

„Aber, Feldwebel, Er ist Gottstrambach ein halsverwegener Kerl! Mir in dieser Weise die Moral zu geigen! Da hört denn doch die Welt auf, Zwiebacke zu kauen! Aber Recht hat Er, obgleich mir ein Anderer nicht so kommen dürfte. Alle Teufel, wollte ich den Schlingel kuranzen! Von Ihm aber will ich es ausnahmsweise einmal hinnehmen und Ihn sogar wegen der Worte um Pardon bitten! Ist Er zufrieden?"

Da trat der Feldwebel rasch auf ihn zu und faßte seine Hand, die er an das Herz drückte. Die Thränen standen ihm in den Augen, als er sagte:

„Dank, tausend Dank, Excellenz! Aber ich konnte nicht anders. Hätte ich es sitzen gelassen, so wäre ich ein ehrloser Schuft gewesen.“

Auch Leopold war gerührt. Er antwortete:

„Schon gut, Schubert! Er sieht nun, was ich auf Ihn halte! Aber Seine Liebste muß ein ganz und gar verteufeltes Mädchen sein, da Er es wagt, wegen ihr es mit mir aufzunehmen. Ich hoffe, daß Er sich nicht weggeworfen hat. Wer ist denn die Hexe?“

„Sie wohnt in Gartow und ist die einzige Tochter des reichen Uhlmann. Er hat einen Laden und auch einen Bierschank, und will mir das Mädel nicht geben, weil ich in Ew. Durchlaucht Regimente diene. Das Mädel ist ein Prachtding, hoch und grad gewachsen wie ein Grenadir. Denken Ew. Durchlaucht einmal, was es da für Rekruten gäbe!“

Da erheiterte sich Leopolds Gesicht vollends. Er verheirathete gern große Personen mit einander, um aus einer solchen Ehe große Rekruten zu bekommen; an diese schwache Seite hatte Schubert jetzt appellirt, und zwar mit Erfolg, denn Leopold antwortete:

„So groß und stark ist sie? Hm, da könnte es sich vielleicht machen! Und ihr Vater will nicht? Ist er etwa ein eingefleischter Hannoveraner?“

„Ganz und gar. Ich bin sogar überzeugt, daß er die hannöverschen Werber beherbergt.“

Dann werde ich ihn bei den Ohren nehmen, daß ihm die Augen übergehen sollen wie Hochwasser! Hm! Na! Wenn ich das Mädel gesehen habe, so werde ich Ihm sagen, was ich von der Sache denke. Jetzt aber laufe Er und hole Er mir den Ameiserich herbei!

Der Feldwebel ging, und nach ungefähr zehn Minuten kam ein Mensch in den Schloßhof, der einen Sack über die Achsel und einen hölzernen Kasten auf dem Rücken hängen hatte. Er war bereits hoch bei Jahren, ging aber grad und aufrecht, so daß man ihn leicht für einen alten, verkleideten Wachtmeister halten konnte.

„Werden hier Ameiseneier gebraucht?“ fragse er einen dastehenden Reitknecht.

Dieser hatte bereits Instruction erhalten und antwortete daher:

„Ja; aber da muß Er zum Fürsten selbst gehen; der hält so viel auf seine Amseln und Zippen, daß er die Ameiseneier alle selber kauft. Komme Er; ich führe Ihn!“

Sie schritten mit einander die Treppe empor, und der Händler durfte eintreten, ohne vorher angemeldet zu werden. Der Fürst saß wieder an seinem Schreib-tische und blickte dem Manne finster entgegen.

„Was will Er?“ fragte er.

„Kaufen Ew. Durchlaucht vielleicht Ameiseneier?“ fragte der Fremde.

„Ja. Zeige Er sie einmal!“

Der Fürst erhob sich, und der Händler legte Kasten und Sack zur Erde. Er öffnete den Letzteren und nahm eine Hand voll Eier heraus, die er Leopold hinzeigte.

„Hier, Durchlaucht,“ sagte Er; „lauter rein gelesene, vorzügliche Waare.“

„Ja, oben drauf,“ meinte der Fürst; „aber ich werde die untersten einmal untersuchen, ob sie auch so sind. Vielleicht hat er gar außer den Ameiseneiern noch Anderes bei sich. Er kommt mir verdächtig vor.“

Er faßte ohne Umstände den Sack und fuhr mit dem Arme hinein. Er wühlte in dem Inhalte herum, fand aber kein Papier, noch sonst etwas Verdächtiges.

„So werde ich weiter suchen!“

Mit diesen Worten bückte er sich zu dem ziemlich umfangreichen Kasten nieder, der mit zwei Krummhaken verschlossen war.

„Halt!“ rief da der Handelsmann. „Lassen Ew. Durchlaucht den Kasten in Ruhe; er darf auf diese Weise nicht geöffnet werden, denn — — —“

„Still! Nicht gemuckst!“ unterbrach ihn Leopold mit Donnerstimme. „Ich thue, was mir beliebt, und Er Schwerenöther hat zu schweigen!“

„Um Gotteswillen, Durchlaucht, es sind ja — — O, da hat man es!“

Er schlug bei den letzten Worten die Hände über dem Kopfe zusammen, denn der Fürst hatte den Kasten geöffnet, welcher — — lebendige Ameisen enthielt. Ein starker Duft verbreitete sich augenblicklich im Zimmer, und zu gleicher Zeit flutheten die eingesperrten Thiere aus dem offenen Kasten heraus und nach allen Seiten über die Diele hin. Der Fürst pralle erschrocken zurück.

„Heiliger Ladestock, was ist denn das?“ rief er. „Das sind doch Ameisen! Kerl, wie kann Er mir das Viehzeug in die Stube bringen! Gleich schaffe Er es wieder hinaus, Er Schwenzelens, Er!“

„Ich habe Ew. Durchlaucht ja gewarnt!“ entschuldigte sich der Mann.

Aber mittlerweile hatte sich der Kasten bereits halb entleert. Leopold retirirte rückwärts und rief;

„Ich frag Ihn blos, ob Er Seinen vermaledeiten Kasten zumachen will! Sieht Er denn nicht, daß die ganze Stube wimmelt! Sie laufen ja bereits an den Wänden empor. Himmelelement, hier habe ich sie bereits zu Hunderten an den Hosen hängen! Kerl, ich lasse Ihm Hundert aufzählen, wenn Er mich nicht sofort von dieser egyptischen Landplage befreit!“

Er sprang auf einen Stuhl und strich sich die Thiere von den weißen Hosen herab; dabei mußte er so schnell sein, daß er die Balance verlor; er wollte sich an der Lehne festhalten, war aber zu schwer und fiel mit sammt dem Stuhl zu Boden, wo sofort eine ganze Legion der Thiere Besitz von ihm nahm. Er raffte sich zwar rasch wieder auf und wollte sich auf den Handelsmann stürzen, dieser aber hatte sich voller Angst aus dem Staube gemacht, ohne seinen Sack und den Kasten mitzunehmen.

„Hundsfott, Dich kriege ich schon noch!“ rief der Fürst.

Aber zu gleicher Zeit fühlte er die Stiche der erregten Insecten. Er sprang auf den Schreibtisch, queschte, kratzte, schlug und drückte seinen Körper an allen Stellen, wohin er mit den Händen gelangen konnte und schrie dabei nach seinem Diener.

Dieser aber war nicht im Vorzimmer. Zufälliger Weise kam die Fürstin den Corridor entlang; sie hörte das Rufen und Schreien und öffnete die Thür.

„Na, Er Himmelhund, warum hört Er denn nicht!" brüllte der Alte. „Hat Er denn keine Ohren, oder — — — ah, Du bist es, Anneliese! Rasch, rasch, reiße aus, sonst laufen sie auch Dir zu den Beinen hinan. Das sind ganz infame Kreaturen!"

Dabei stand er noch immer auf dem Schreibtische und wischte bald vorn und bald hinten an sich herum. Dielen und Wände, sowie sämmtliche Möbels waren von den kleinen Thieren bedeckt.

„Um Gotteswillen, was ist denn los?" frug die Fürstin, ganz außer sich.

„Der Teufel ist los," antwortete er, „der Ameisenteufel!"

„Aber, was stehst Du denn da oben, Leopold! So reiße doch aus!"

Er sah sie ganz verblüfft an, dann rief er unter dröhnendem Lachen:

„Ach, richtig; daran habe ich gar nicht gedacht! Der Dessauer ist eben noch niemals ausgerissen, jetzt aber muß er es doch!"

Er sprang vom Schreibtische herab und verließ das Zimmer. Seine Stimme rief bald die ganze Dienerschaft zusammen, welche den Befehl erhielt, die Fenster zu öffnen und die Thiere zu tödten, oder zu verjagen. Einstweilen war das Zimmer unbewohnbar geworden; Leopold mußte sich in ein anderes zurückziehen, wo ihm bald Feldwebel Schubert wieder gemeldet wurde.

„Weiß Er, wo dieser verteufelte Amsenhändler ist?" rief ihm der Fürst entgegen.

„Zu Befehl!" antwortete Schubert.

„Laß Er ihn sofort gefangen nehmen!"

„Ist bereits geschehen. Er kam in die Schänke und erzählte mir, daß er Ew. Durchlaucht entflohen sei. Er wollte sofort die Stadt verlassen; da aber ließ ich ihn festnehmen und nach Nummer Sicher bringen. Hier sind seine Papiere, Excellenz!"

Er legte dem Fürsten einige Legitimationsscheine auf den Tisch.

„Schön," sagte dieser; „Er ist doch stets ein umsichtiger und rascher Kerl! Aber wie kommt es, daß dieser Mensch lebendige Amsen bei sich hatte?"

„Er verkauft sie an Leute, welche Ameisenspiritus aufsetzen wollen, und zwar flaschenweise. Aber der Kasten ist nicht zum Oeffnen; er hat ein Loch, in welches der Flaschenhals gesteckt wird, dann laufen die Ameisen selbst hinein; dieses Loch wird sonst mit einem Stöpsel verschlossen."

„Ah, schön, hm, gut!" brummte der Fürst. „Könnte Er mir den Kasten wieder voll Amsen verschaffen?"

„Sehr leicht!"

„So thue Er es! Diese Hannöverschen sollen auch einmal sehen, wie es ist, wenn es einem hinten zwickt und vorne zwackt. Ich mache den Amsenhändler; dabei bleibt es. Pasta!" — —

Es war am Donnerstage morgens in der Frühe, als auf der Straße, welche von Wittenberge nach Lenzen führte, ein zweispänniger Wagen fuhr, welcher von einem jungen, kräftigen Mann geleitet wurde, der kein Anderer als der Feldwebel Schubert war. Er trug die Kleider der dortigen besseren Landleute. Der Wagen war mit einer Plahne verdeckt, wer aber unter dieselbe hätte hineinblicken können, der hätte eine große Anzahl Gewehre, Säbel, Patronentaschen und Uniformstücke sehen können. Das sonderbarste aber war, daß diesem Wagen ein Trupp von ungefähr fünfzig Menschen folgte, diese eine sehr militairische Haltung hatten, obgleich sie alle eine ganz gewöhnliche, oft sehr bunt zusammengewürfelte Civilkleidung trugen.

Da, wo das kleine Flüßchen neben dem Wege den dichten Kiefernwald theilte, hielt der Wagen an, und der Feldwebel ließ die Männer herankommen.

„Halt," sagte er. „Hier ist der Ort, wo wir uns theilen, denn wir haben nur noch eine halbe Stunde bis nach Lenzen und dürfen nicht beisammen gesehen werden. Ihr habt Jeder drei Gulden erhalten, braucht also keine Noth zu leiden und könnt Euch nach Belieben bis zur Dunkelheit in der Umgegend, oder in der Stadt auf dem Vogelschießen erlustiren. Aber kennen dürft Ihr Euch nicht. Sobald es dunkel ist, kommt Korporal Weidauer mit seinen zwanzig Mann, um die Uniformen anzulegen und die Waffen zu nehmen. Er besetzt die Elbe, läßt aus dem Hannöverschen Alles herüber, aber Niemand hinüber, bis er Gegenbefehl erhält. Korporal Emmer mit seinen dreißig Mann hat sich erst eine Stunde vor Mitternacht eingefunden. Ich bin im Schützenhause zu treffen, wo ich den Wagen beaufsichtige, daß kein Mensch merkt, was wir geladen haben. Jetzt nun macht, daß Ihr fortkommt, und seid pünktlich!"

Die Männer verschwanden im Walde, und Schubert fuhr nach der Stadt. Das damalige Schützenhaus lag vor derselben. Er bog in den Hof ein und ließ den Wirth herbei rufen. Als dieser den Fuhrmann sah, sagte er erstaunt:

„Herr Feldwebel! Was Teufel treibt — — —"

„Pst!" warnte Schubert. „Es darf kein Mensch wissen, daß ich hier bin. Habt Ihr einen gut verschlossenen Platz für diesen Wagen?"

„Ja, einen Schuppen, in den kein Mensch kommt. Um was handelt es sich denn?"

„Das werde ich Euch nachher erklären. Der Fürst kommt selbst."

„Der Fürst? Der alte Dessauer?" fragte der Wirth betroffen.

„Ja."

„So handelt es sich um etwas Wichtiges!"

„Allerdings. Jetzt holt den Schlüssel und schiebt mir den Wagen mit in den Schuppen; es darf kein Fremder dabei sein."

Während der Wirth nach dem Schlüssel ging, spannte Schubert die Pferde ab und führte sie in den Stall. Sodann wurde der Wagen an Ort und Stelle gebracht. Dort theilte der Feldwebel dem Wirthe das Nöthige mit. Er konnte ihm vertrauen und wußte, daß der treue, verschwiegene Mann Nichts ausreden werde. Sodann nahm er den Schlüssel zu sich und verließ das Haus.

Er ging nicht nach der Stadt, sondern nach der Elbe zu, wo er sich vom Fuhrmanne übersetzen ließ. Jetzt befand er sich auf hannöverschem Grund und Boden.

Er mußte vorsichtig sein und untersuchte seine Pistolen, welche er bei sich trug; sie waren scharf geladen.

Auf ihm wohlbekannten Schleichwegen ging er nach Gartow, aber nicht in den Ort hinein, sondern um denselben herum. Er kam an einen Gartenzaun, ohne bemerkt zu werden, übersprang denselben und versteckte sich in ein dichtes Hollundergebüsch. Der Garten gehörte zum Hause Uhlmanns, und Schubert konnte den Hof desselben überblicken. Er mußte lange, sehr lange warten, und es war fast Mittag, als endlich die schöne, hohe Gestalt eines jungen Mädchens unter der Hinterthür erschien. Er stieß einen leisen Pfiff aus, den sie sehr wohl zu kennen schien, denn die Röthe der Freude trat auf ihre Wangen und sie eilte sofort nach dem Garten, wo sie hinter dem Hollunder den Geliebten traf.

„Fritz, Du hier," sagte sie. „Dich hätte ich nicht erwartet."

Er umarmte und küßte sie und antwortete:

„Auch ich hätte nicht geglaubt, Dich so bald wiederzusehen, meine Seele. Sind die Werber noch bei Euch?"

„Ja, Sie müssen etwas vorhaben."

„Warum?"

„Sie flüstern so angelegentlich unter einander und lassen doch nichts verstehen. Ich glaube, es soll in Lenzen Etwas geben, denn mein Vater geht heut auch mit hinüber. Ich konnte nichts erfahren, aber er macht ein Gesicht, als ob die Christbescheerung nahe wäre. Lasse Dich um Gotteswillen nicht sehen! Der Lieutenant — —"

Sie stockte; er aber fragte:

„Was ist mit dem Lieutenant?"

„Ich wollte Dir es nicht sagen, aber ich kann es fast nicht mehr aushalten. Er verfolgt mich auf Schritt und Tritt — — —"

„Ich schlage ihn nieder, den Hallunken!" zürnte Schubert.

„Pst, ruhig!" warnte sie. „Es ist zwar schlimm, aber ich weiß mir selbst zu helfen. Der Vater ist hart, und vor diesen Seelenverkäufern fürchte ich mich. Ich gehe nächstens fort."

„Wohin, Anna?"

„Ich suche mir einen Dienst da drüben im Preußischen; da kannst Du mich besuchen, ohne Dein Leben zu wagen.

Er sah ihr liebevoll in die Augen und drückte sie inniger an sich. Sie waren ein schönes Paar. Hätte der Dessauer sie so sehen können, er hätte seine Freude über sie haben müssen.

„Dieses Opfer wolltest Du mir bringen?" fragte er. „Ich danke Dir, Du Gute! Aber vielleicht ist es gar nicht nöthig; vielleicht bist Du schon bald meine Frau."

„Ists möglich?" fragte sie, freudig überrascht.

„Ja. Ich habe nämlich mit dem Fürsten gesprochen.

„Ah, Du hast es endlich gewagt! Was sagte er?"

„Er will Dich erst sehen."

„So soll ich wohl gar hin zu ihm?"

„Nein. Er kommt her."

„Um Gotteswillen, das ist ja gefährlich!"

„Nicht so sehr. Man wird ihn nicht erkennen. Na, ich will es Dir nur gestehen, daß er vielleicht noch heute kommt. Er ist in Wittenberge und läßt sich einen falschen Bart und eine falsche Nase ansetzen. Er will euer Schloß besuchen. Wenn ein alter Amsenhändler kommt, das ist er. Und sollte — — —"

Da ertönte vom Hofe her ein lauter, ungeduldiger Ruf; es war Annas Vater, welcher seine Tochter brauchte. Sie mußte fort, ohne ihr Erstaunen ausdrücken, oder ein Wort sagen zu können, ob sie wiederkommen werde. Schubert wartete über eine halbe Stunde, dann ging er, denn seine Gegenwart war in Lenzen nöthig. Als Anna den Garten kurze Zeit später wieder betrat, war er fort. —

Draußen am Waldesrande, wo der Weg nach Gartow vorüberführte, lag ein alter Kerl und schlief. Er hatte einen schwarzen, struppigen Vollbart und eine große, rothglänzende Schnapsnase; neben ihm lag ein Sack und ein großer hölzerner Kasten. Es hätte wohl kein Mensch in ihm den Feldmarschall Fürst Leopold von Anhalt-Dessau vermuthet, und dennoch war er es.

Er war während der heißesten Tageszeit von Wittenberge aufgebrochen und unterwegs ein wenig müde geworden. Um sich einige Minuten auszuruhen, hatte er sich hingestreckt, war aber eingeschlafen und schlief so fest, daß Stunde um Stunde verging, ohne daß er aufwachte. Da endlich begann er sich zu regen. Er öffnete die Lider, rieb sich die Augen und sprang empor, als er sah, wie tief die Sonne bereits stand.

„Alle Wetter", brummte er; „Da habe ich ja die ganze Prosit die Mahlzeit verschlafen! Es wird gleich dunkel werden, und ich altes Murmelthier lasse die kostbare Zeit vergehen. Mit dem Hausiren wird es nichts, aber den Uhlmann und sein Mädel, die muß ich sehen. Vorwärts!"

Er nahm den Sack und den Kasten auf und schritt dem Orte zu, dessen Schloß ihm bereits entgegenwinkte. Ueber der Thür eines der besten Häuser befand sich ein Schild mit der Inschrift „Allhier kauft man Spezereien, Schnaps und Bier bei Anseln Uhlmann."

„Das ist der Kerl," dachte Leopold. „Wollen einmal sehen!"

Er trat in die Stube, in welcher es bereits dunkelte. Der Wirth war eben beschäftigt, die große Oellampe anzubrennen.

„Guten Abend!" grüßte Leopold.

„Guten Abend!" antwortete Uhlmann mürrisch, indem er den Gast beleuchtete. „Was will Er?"

„Gebe Er mir einen Schnaps, aber einen tüchtigen?"

„Gehe Er in den Laden!" sagte Uhlmann. „Hier verkehren nur Herren, Leute von Seiner Sorte aber werden draußen abgefertigt."

„So?" fragte der Fürst. „Kennt Er denn meine Sorte gar so genau?"

„Ja. Was werdet Ihr sein, als ein Hausirer, ein Herumläufer, weiter nichts."

„Ja, aber ein Hausirer, der Geld hat, verstanden? Hier sitzt's, alter Truthahn, und vor den Herren, die hier verkehren, reiße ich noch lange nicht aus!"

Er legte Sack und Kasten auf die Bank und klopfte an seine Tasche. Das gab einen silbernen Klang, aber Uhlmann meinte dessen ungeachtet zornig:

„Es bleibt dabei, Er geht in den Laden. Und wenn Er mich noch einmal einen Truthahn nennt, so werfe ich Ihn hinaus!"

„Mache Er keinen Summs!" lachte der Fürst. „Er ist nicht der Kerl, der mich bange machen könnte. Braucht Er vielleicht eine Portion Amseneier, he?"

Bei der letzten Frage hatte sich die Ladenthür geöffnet, und Anna trat ein. Sie hörte die Worte, sah den großen Bart und die Nase und wußte sofort, wen sie vor sich hatte.

„Bleibe Er mir mit Seinen Amseneiern vom Leibe!" antwortete Uhlman. „Ich bin keine Bachstelze, die Insecten frißt!"

„Na, da giebt mir vielleicht die Jungfer den Schnaps, den Ihr mir nicht geben wollt," sagte Leopold, indem er das schöne, stattliche Mädchen mit wohlgefälligen Blicken musterte.

„Sogleich!" antwortete sie, trat in den Laden zurück und brachte ihm das Verlangte.

„Er soll ihn ja draußen trinken!" fuhr der Vater sie an. „Solches Gelichter können wir hier nicht gebrauchen. Der Herr Lieutenant wird sogleich vom Schlosse zurück kommen. Was soll er sagen, wenn ein Amsenhändler an seinem Platze sitzt!"

„Oho!" entgegnete Leopold. „Sein Lieutenant wäre vielleicht froh, wenn er mit so einem Amsenhändler tauschen könnte. Gebe er sich keine Mühe. Ich trinke meinen Schnaps hier und auch noch ein Bier dazu, und damit pasta!"

Es lag in dem Tone dieser Worte Etwas, was dem Wirth die Lust benahm, auf seinem Willen zu bestehen; Anna aber beeilte sich, das Bier zu bringen. Es war ihr Angst um den Fürsten, denn soeben hörte sie ein sich nahendes Säbelklirren, und als sie dem Fürsten das Glas vorsetzte, trat der Lieutenant ein.

Er war ein dünner, hoch aufgeschlossener Mann, dessen bartloses Gesicht keinen einzigen sympathischen Zug zeigte. Er warf einen finsteren Blick auf Leopold, ließ sich rasselnd nieder und verlangte auch ein Bier; dann wendete er sich an Leopold:

„Was macht Er hier in dieser Stube, und wer ist Er, he?"

„Ich trinke Bier und bin Amsenhändler," antwortete der Fürst ruhig.

„Ein Amsenhändler? Ah, hat Er Seine Legitimation bei sich?"

„Hier ist sie."

„Leopold griff in die Tasche und zog die Papiere hervor, welche dem Händler, der noch in Dessau gefangen saß, abgenommen worden waren. Der Lieutenant öffnete sie mit Spannung, warf einen Blick darauf und sagte dann:

„Richtig, Er ist der Wachtmeister Horn, den wir erwarten. Hat Er sich da drüben bei den Preußen gehörig umgesehen?"

„Versteht sich."

„Wird das Geschäft in Lenzen klappen?"

„Ausgezeichnet!" schmunzelte Leopold.

„So geht jetzt mit zum General, um ihm Bericht zu erstatten. Vorher aber muß ich der Anna einen Kuß geben."

Er trat auf das Mädchen zu und wollte sie umarmen, sie aber stieß ihn zurück, und als er zudringlicher wurde, holte sie aus und gab ihm eine schallende Ohrfeige.

„Was fällt Dir ein!" rief ihr Vater.

„Alle Teufel, ist das eine Wetterhexe!" rief der Fürst, ganz erfreut über die Züchtigung, welche der Offizier hinnehmen mußte.

„Ja, eine Hexe ist sie," brummte dieser, „aber ich werde sie schon noch gefügig machen!"

Er trank sein Bier aus und winkte Leopold, ihm zu folgen. Der Wirth begleitete den Offizier hinaus, und während Leopold noch sein Bier austrank, trat das Mädchen rasch zu ihm und flüsterte:

„Herr Wachtmeister Horn, wenn Ihr in Gefahr kommt, so verlaßt Euch auf mich!"

Nach diesen Worten schlüpfte sie schnell in den Laden. Leopold nahm einfach an, daß sie Gründe haben müsse, diesem Horn ihre Theilnahme zu widmen; er ließ Sack und Kasten einstweilen liegen und folgte dem Lieutenant. Es war ihm darum zu than, Etwas von den heutigen Absichten der Hannoveraner zu erfahren, darum wagte er sich zu dem General.

„Wenn er Lust hat, Wachtmeister, so kann Er mit dabei sein," sagte der Lieutenant unterwegs zu ihm. „Bis zwölf Uhr haben wir uns in Lenzen einzeln eingeschlichen, und punkt ein Uhr wird der Fang gemacht."

„Dreißig Mann. Aber da ist das Schloß. Vorwärts!"

Sie traten in den Schloßhof, wo die dreißig hannöverschen Grenadiere schon bereit standen. Der Lieutenant führte Leopold die Treppe empor und zum General. Dieser saß bei einer Pfeife Tabak, damals eine Seltenheit und blickte die Beiden erwartungsvoll an.

„Hier, Excellenz, bringe ich den erwarteten Boten," meldete der Lieutenant.

„Welchen Boten?" fragte der General.

„Nun, den Wachtmeister Horn, der als Amsenhändler geht."

„Horn?" fragte der General, schnell aufstehend und Leopold musternd. „Den Horn kenne ich ganz genau; das ist er nicht. Wer ist Er, he?"

Daran hatte der Fürst gar nicht gedacht, daß der General diesen Horn persönlich kennen könne. Er kam in eine augenblickliche Verlegenheit, faßte sich aber schnell und sagte:

„Nein, der Horn bin ich nicht, aber er liegt in Havelberg krank darnieder und schickt mich, Euch zu sagen, daß Alles in Ordnung sei. Weiter weiß ich nichts. Zum Beweise hat er mir seine Papiere mitgegeben."

„Wer ist Er denn eigentlich?" fragte der General höchst mißtrauisch.

„Ich bin der Wirth zum schwarzen Eber, und bei mir liegt der Horn. Er hat ein plötzliches Fieber bekommen."

„Hat Er gewußt, was der Horn ist? Hat Er vielleicht Jemanden von Seiner Botschaft Etwas erzählt?"

„Keinem Menschen. Ich hab gedacht, der Horn ist ein wirklicher Amsenhändler.“

„Gut! Sagt Er die Wahrheit, so ist's gut; macht Er mir aber Lügen, so ist Ihm Sein Brod gebacken. Ich werde Ihn zur Sicherheit einstweilen einsperren lassen.“

„Das geht nicht,“ meinte der Fürst. „Ich muß sofort wieder nach Hause.“

„Das ist mir egal. Lieutenant, hole Er einige Leute!“

„Oho, der Wirth zum schwarzen Eber ist ein ehrlicher Kerl; er läßt sich nicht einstecken!“

Mit diesen Worten warf der Fürst den Lieutenant zur Seite und sprang zur Thür hinaus; der General aber war geistesgegenwärtig; er riß das Fenster auf und rief hinab:

„Haltet ihn auf! Fangt ihn!“

Als Leopold unten anlangte, griffen sechzig Hände nach ihm; er schlug jedoch einen raschen Bogen, machte sie dadurch irre und gelangte glücklich zum Thore hinaus. Aber alle dreißig Grenadiere rannten hinterher; sogar der Lieutenant kam nachgesprungen, und der General lief langsamer hinter der wilden Jagd her.

Der Fürst war ein guter Läufer gewesen, jetzt aber alt. Er hatte lauter junge Verfolger hinter sich, und als er das Dorf erreichte, hatten sie ihn beinahe eingeholt. Beim Hause Uhlmann's war der vorderste Grenadier nur noch fünf Schritte hinter ihm. Da erinnerte er sich der Worte, welche Anna zu ihm gesagt hatte. Er sprang schnell zur Thür hinein und riegelte sie hinter sich zu. Das Mädchen hatte das Rufen und den Lärm vernommen. Sie ahnte das Geschehene und stand im Flure. Es war finster und Leopold stieß mit ihr zusammen.

„Seid ihr es, Wachtmeister Horn?“ fragte sie.

„Ja. Sie wollen mich fangen,“ antwortete er athemlos.

„Kommt schnell!“

Sie faßte ihn beim Arme, führte ihn eine Strecke vorwärts, öffnete eine Thür und schob ihn hinein.

„So, hier seid Ihr einstweilen sicher. Hinten stehen leere Fässer. Versteckt Euch in eins; ich will sehen, ob ich die Kerls irre leite.“

Sie schloß die Thür hinter ihm zu, und er tappte sich im Dunkeln vorwärts. Dabei stieß er an ein sehr hohes Faß, dessen Deckel an demselben lehnte.

„Da gehe ich hinein,“ keuchte er, „und decke es dann zu.“

„In der Eile dachte er gar nicht daran, das Faß zu untersuchen. Er hielt es für leer, schwang die Beine hinauf und plumste — — in eine Flüssigkeit, die ihm sofort bis an die Kniee emporstieg, denn er hatte sich niedergeduckt.

„Heiliges Pech!“ brummte er. „Das ist ein falsches Faß! Das ist ja — —“ er fuhr mit der Hand in die Flüssigkeit, roch erst daran und kostete dann vorsichtig — — „da bin ich grad in das Syrupsfaß gefahren. Na, so eine Weihnachten! Wenn sie mich jetzt fangen, können sie mich nur gleich ablecken. Ich muß gleich wieder heraus!“

Während er sich aus der Süßigkeit herauskrabbelte, hörte er bereits drohende Stimmen vor der Thür; man verlangte den Schlüssel. Er tastete sich so rasch wie möglich weiter nach hinten und fand endlich ein leeres Faß. Er hob den Deckel ab, sprang hinein, duckte sich nieder und legte den Deckel oben darüber. Aber in dem Fasse war eine so dicke Luft, er mußte husten. Er fühlte um sich und erschrak.

„Da bin ich aus dem Regen in die Traufe gerathen," knirschte er. „Das ist ja das Mehlfaß; es ist noch wenigstens ein halber Zentner darin, aber ich habe es nicht gefühlt. Nun steckt der Syrup im Mehle, und ich kann nun gleich in den Backofen kriechen, dann ist der Pfefferkuchenmann fertig. So Etwas ist mir doch gestern und mein Lebtage nicht passirt. Holla, da kommen sie schon! Sei still, Leopold, sonst erwischen sie Dich!"

Da der Flüchtling in den übrigen Räumen nicht zu finden war, so hatte Anna den Schlüssel hergeben müssen und die Grenadiere drängten sich unter Uhlmanns Führung herein. Dieser hob die Lampe empor und blickte umher.

„Aber das ist stark!" rief er. „Hier hat der Kerl im Syrupfaß gesteckt, und hier führt die Spur weiter nach — nach dem Mehlfasse!"

Ein lauter Jubel erscholl. Der Deckel wurde abgehoben und der Fürst herausgezogen. Er bot einen schauderhaften Anblick dar. Die Soldaten lachten, daß ihnen die Bäuche wackelten, und der Wirth schimpfte wie ein Rohrsperling darüber, daß ihm der Syrup und das Mehl verschimpfirt worden war. Der Lieutenant kam auch dazu und dann der General. Dieser Letztere fragte Leopold, ob Anna gewußt habe, daß er hier stecke; er verneinte es. Er verhielt sich überhaupt sehr gelassen, und so kam es, daß der General ein mildes Urtheil fällte:

„Der Kerl ist bestraft und beschämt genug," sagte er. „Er mag bis morgen gefangen bleiben; ist er wirklich der Eberwirth, so mag er mit seinem Syrupsteige nach Hause laufen; ist er aber ein Anderer, so wird sich das Weitere finden. Aber in diesem Zustande können wir ihn nicht nach dem Schlosse bringen. Uhlmann, hat er nicht einen festen, engen Raum, in den wir ihn einschließen können?"

„O ja," antwortete dieser, „das Waschhaus. Es ist ganz von Stein, hat kein Fenster, und die Thür wird durch einen eisernen Querriegel verschlossen."

„So steckt ihn hinein. Ich brauche aber einen sicheren Mann zu seiner Bewachung. Von den Soldaten kann ich keinen Einzigen entbehren. Lieutenant, Er muß sich bequemen, hier zu bleiben und zuweilen nach ihm zu sehen."

Das war diesem sehr lieb. Er wußte, daß Uhlmann mit nach Lenzen wollte, und so war er mit dessen schöner Tochter allein. Leopold wurde in das Waschhaus eingeschlossen. Nach einiger Zeit rückten die Grenadiere unter Führung des als Bauer verkleideten Generals ab, und dann saß der Lieutenant mit Anna allein. Diese ersah die erste, beste Gelegenheit und schlich nach dem Waschhause, dessen Thür sie öffnete.

„Herr Wachtmeister!" flüsterte sie.

„Ja," antwortete der Fürst.

„Ich lasse Euch fort. Entflieht!"

Er stand im Nu bei ihr und fragte:

„Aber, Mädchen, warum interessirst Du Dich so sehr für den alten Wachtmeister, he?"

Da faßte sie sich ein Herz und antwortete:

„O, der ist mir ganz gleichgültig! Aber ich kenne Euch, Excellenz; der Feldwebel Schubert hat mir heut früh gesagt, daß Ihr als Amsenhändler kommen wollt. Da lasse ich Euch doch zu gern laufen, denn wir haben uns sehr lieb und gehen alle Beide für Ew. Durchlaucht gern durchs Feuer."

„Bist ein braves Mädel!" antwortete er gerührt, „und sollst den Feldwebel haben. Wo ist der Lieutenant?"

„Ganz allein in der Stube."

„Ah! Und wo ist mein Kasten?"

„Der liegt mit dem Sacke unter der Treppe."

„Gut. Wollen diesem Herrn Lieutenant einmal eine Lehre geben, nach welcher es ihm vergehen soll, die Geliebte eines Andern zu küssen. Hole mir rasch einen Anzug von Deinem Vater, und putze auch Dich an. Du gehst mit mir nach Lenzen. Da ist Verlobung!"

Während das Mädchen vor freudigem Schreck eine ganze Weile sprachlos stehen blieb, eilte er nach der Stube. Der Lieutenant erstaunte, seinen Gefangenen vor sich zu sehen, aber Leopold machte keine Umstände mit ihm, versetzte ihm einen Schlag an die Schläfen, daß er besinnungslos niederstürzte, schleppte ihn in das Waschhaus, holte seinen Kasten herbei und öffnete ihn. Dann verriegelte er die Thür von Außen.

„So!" schmunzelte er. „Jetzt hat er Gesellschaft, und kein Mensch kann sein Rufen hören."

Eine Viertelstunde später verließ er in einer anderen Kleidung mit Anna das Haus, dessen Thüren vollständig verschlossen wurden. An der Elbe traf er auf seine Posten, welche ihm meldeten, daß die Hannoveraner seitwärts des Schießhauses im Gebüsch warteten. Er nahm seine Beute mit sich, erreichte das Schießhaus unbemerkt und fand die dreißig Mann bereits in der Scheune ungesehen versammelt. Sie hatten ihre Uniformen bereits angelegt und wurden nun durch die Posten um zwanzig Mann verstärkt.

Er ließ den Feldwebel Schubert holen und dieser meldete, daß der General oben im Saale säße.

„Um Eins geht es los," erklärte der Fürst. „Gehe Er wieder hinauf, Schubert, und melde Er es mir durch einen lauten Pfiff durch das Fenster, wenn die Hannoveraner in den Saal marschieren. Ist sein Schwiegervater auch oben?"

„Ja."

„Gut, dann paßt ja Alles. Gehe er, aber lasse Er sich vor den Beiden nicht sehen!"

Als Schubert sich entfernt hatte, ließ Leopold sich auch seine Uniform aus dem Wagen bringen, nahm Anna, welche der Dunkelheit wegen von Schubert gar nicht bemerkt worden war, bei der Hand und suchte den Wirth auf. Dieser mußte Anna verstecken, ihm selbst aber ein Zimmer geben, damit er sich umkleiden könne.

Unterdessen verging die Zeit. Es schlug ein Uhr, und droben im Saale begann ein Walzer, nach dessem Tacte sich die Paare drehten. Da gab der General Uhlmann einen Wink, und dieser entfernte sich, um die hannöverschen Grenadiere herbeizuholen. Kaum war der letzte Ton des Tanzes verklungen, so wurde die Saalthür aufgestoßen und die dreißig Soldaten marschirten hinein. Ein viellstimmiger Schreckensruf erscholl, denn die Burschen wußten sofort, was ihnen bevorstand: Wer nicht gutwillig sich ergab, wurde gezwungen.

Jetzt stand der General in der Mitte des Saales und rief:

„Ruhe im Saale! Ich, Generalmajor von Valmy, erkläre im Namen Seiner Königlichen Hoheit, des Kurfürsten von Hannover, diesen Ort in Belagerungszustand. Wer Miene macht, zu entfliehen, der wird erschossen!“

Niemand hatte auf den Pfiff geachtet, welcher erschollen war, als die Hannoveraner sich über den Hof geschlichen hatten. Leopold war ihnen mit seinen fünfzig Mann auf dem Fuße gefolgt. Seine Buntröcke standen noch draußen vor der Saalthür; er aber stand unter derselben, und als Valmy sein letztes Wort kaum ausgesprochen hatte, trat der Fürst schnell einige Schritte vor und rief mit Donnerstimme:

„Und ich, Fürst Leopold von Anhalt-Dessau, Feldmarschall des Reiches und von Preußen, erkläre den General Valmy für einen Landfriedensbrecher. Er ist mein Gefangener. Bataillon, vorwärts marsch!“

Da kamen die fünfzig Dessauer Bärenmützen hereinmarschirt, pflanzten sich an dern Wand auf und legten die Gewehre auf die Hannoveraner an. Jetzt wendete sich Leopold direct an Valmy:

„Ergebt Euch! Ihr seht, jeder Widerstand ist unnütz. Ich habe fünfzig gegen dreißig, und hier meine braven Lenzener Burschen werden auch Fäuste haben.“

Bei diesen Worten löste sich der Bann, der auf Allen gelegen hatte. Mit lautem Jubelgeschrei stürzten sich die Burschen auf die feindlichen Grenadiere.

„Der Alte ist's, der Leopold, der Dessauer!“ rief es rund um. „Helft ihm! Bindet die Hannöverschen!“

Ohne daß die Dessauer Grenadiere die Hand zu rühren brauchten, wurden die Feinde, die sich nicht zu wehren wagten, sammt ihrem Anführer gefangen genommen und einstweilen in den Keller gesperrt. Nun blickte sich der Fürst im Saale um; er sah Uhlmann in der Ecke stehen und winkte ihn zu sich.

„Er Himmelelementer ist es gewesen, der uns die ganze Suppe eingebrockt hat. Eigentlich sollte ich Ihn unter die Rekruten stecken, aber dort stehen zwei an der Thür, denen zu Liebe ich Gnade für Recht ergehen lassen will. Kommt her!“

Es waren Anna, die der Wirth herbeigebracht hatte, und der Feldwebel. Sie traten herbei. Der Fürst fragte Uhlmann im strengsten Tone:

„Jetzt entscheide Er sich! Will Er Rekrut werden, oder die Hand Seiner Tochter diesem braven Manne geben?“

„O, Ew. Durchlaucht,“ antwortete der vor Angst zitternde Mann, „ich habe ja gar nichts dagegen, daß sie sich nehmen!“

„Nun, gut! So erkläre ich Sie, Mamsell Anna Uhlmann, und Ihn, Herr

Lieutenant Schubert für Verlobte. Er hat den General Valmy in meine Hand gegeben und also die tausend Gulden verdient. Für Seine Equipirung werde ich außerdem Sorge tragen, lade mich aber dafür zu Seiner Hochzeit ein! Und Er, Uhlmann, mag es sich merken, daß ein Amsenhändler wohl seinen Schnaps im Laden trinken kann. Der Amsenhändler hat soeben aus einem Feldwebel einen Lieutenant gemacht, also braucht er vor keinem hannöverschen Säbelraßler auszureißen. Dieser steckt jetzt in Seinem Waschhause bei meinem Amsenkasten; eile Er hin, ihn zu befreien! Die Gefangenen werden alle in den Rekrutenrock gesteckt; den verätherischen General liefere ich nach Berlin. Meine Grenadiere aber und meine braven Lenzener Burschen sollen tanzen und lustig sein. Ich gebe ihnen heute Freibier, so viel, wie sie trinken wollen. Legt die Gewehre ab, und faßt die Mädels an, Er, Lieutenant Schubert, mit Seiner Anna voran! Musikanten, einen Walzer oder Hopser, aber ohne Pausen, das will ich Euch gesteckt haben, Ihr Schwerenöther!"

„Hurrah, der Dessauer! Hurrah, der Knasterbart!" erscholl es aus hundert männlichen und weiblichen Kehlen, und der Hopser begann, ohne einen einzigen Tact Pause, wie es der alte, derbe Kriegsheld gewünscht hatte.